子どものやる気を引き出す

ほめるより すごい方法39

沼田晶弘
イラスト Masaki

39 Ways to Motivate Kids
Rather Than Praise

高橋書店

あなたは何のために、子どもをほめたいのか

「ほめる育児」に疲れていませんか？

近年、「ほめる育児」が大ブームです。

ほめられてうれしくない人はいないでしょう。

しかし最近では、

「子どもはとにかく、ほめなくちゃ」

「なるべくたくさんほめなくちゃ」

と無理に子どもをほめ、疲れている親御さんも多いようです。

そして、そのデメリットは思っている以上に大きい。

見て！テストで100点とった！
すごい
がんばったね

なぜなら、親自身も子育てを楽しめなくなるし、
子ども自身も真の自分の姿や立ち位置を見誤り、
本当の意味での成長ができなくなるからです。
その背景には**「自己肯定感」という言葉が誤解され、完全に一人歩きしている**
という現状があるでしょう。

自己肯定感が大事なのだから、どんな行動でも肯定していこう。
そんなふうに考える人が出てきて、
どんな私でもオッケーにしていい免罪符のように、
自己肯定感が使われていることがあります。
そして子育てにおいては、こんな誤解が広まってしまいました。

「自己肯定感を育てるには、ほめることが大事」
「とにかく子どもを肯定してあげなければならない」
「失敗したら、子どもはやる気を失い、自己肯定感が下がってしまう」

もちろん自信や自尊心はとても大切です。しかし、

ただ肯定すれば、たくさんほめれば育つというものではありません。
むしろ、ほめすぎると、子どもは伸びません。
ほめて伸ばすのは、まだ幼い段階では有効ですが、
子どもが成長してくると、ただほめるだけでは逆効果な場合があるのです。

けれども、極端に失敗が恐れられ、
どんな状況でもとにかくほめようとする人が増えてしまっています。
さらには、**まやかしであってさえ成功体験をさせようという、おかしな事態**が生まれてきてしまったのです。

親が失敗を恐れると子どもは成長しない

「うちの子、失敗を恐れるんですよ」
「うちの子、何にも挑戦しようとしないんです」

そんなふうに、子どものせいにされていることもしばしばです。
でも、本当にそうでしょうか？
子どもは本来、**好奇心旺盛で何にでも向かっていく**ものです。
もし、子どもがそんなふうに失敗を恐れているのだとしたら、
それはやはり、**親が失敗を恐れているからではないでしょうか。**
そして、おそらくそれは、「失敗したら自己肯定感が下がる」という
誤解から起こっています。

自己肯定感とは本来、**ダメな自分も含めて今の自分を受け入れる力**です。

その意味ではむしろ、**失敗する体験こそ宝。**

ですから、

「とにかく成功体験をさせなくてはダメだ」

「とにかく何でもほめなくてはダメだ」と考えるのは大きな誤解なのです。


それでは、自己肯定感を伸ばすには、どうすればよいのでしょうか？

子どもの自己肯定感とやる気を伸ばすには

自己肯定感を伸ばすには、何でも恐れず果敢に挑戦させること。
そして、その結果失敗したり、思う結果が得られなかったりしても、
等身大の自分を子ども自身が受け入れ、
次なる一歩を踏み出せる力をつけることが大切です。
そのサポートをしてあげるのが親の役目。
それには、等身大のありのままの子どもを、
まず親であるあなた自身が受け入れることが大前提です。
そのときに、むやみに「ほめよう」「なぐさめよう」などと考える必要はありません。

では、どんなときに、どんなふうに声をかけたらよいのか。

また、どうしたら子どものやる気を引き出すことができるのか。

そうした方法を、本書では39（サンキュー）メソッドとして39項目にまとめました。

ぜひ、気になったものからチェックし、できそうなものから実践してみてください。

やっぱり親の笑顔が最強！

子どもの自己肯定感や、やる気を伸ばすというと、
どうしても「子どもをどうするか」という発想になりがちですが、
じつはその前に、もっと大切なことがあります。
それは、**「親がどうあるか」ということ。**
子どもに自己肯定感ややる気を持たせたいのは、つまるところ、
子どもに幸せになってほしいからですよね。
それにはまず、親が笑顔でいることが一番。
正直、これ以上に大事なメソッドはないかもしれません。
なぜなら、**親が笑顔でいなかったら、子どもが笑顔になれるはずがない**から。
親の笑顔が見たくて、子どもはがんばります。
逆に言うと、親の笑顔なくして、自己肯定感もやる気もあったものではないでしょう。
子どものために、毎日おいしいご飯を作ってあげたい。
子どものために、毎日きれいに片付いた部屋で、落ち着いた環境を提供してあげたい。

子どものために、毎日何時にはお風呂に入れてあげたい。
子どものために、毎日読み聞かせをしてあげたい。
子どものために、毎日何時には寝かしつけをしてあげたい。
子どものために、あの習い事もこの習い事もさせてあげたい。
子どものために、……

あれ？

「自分のために」はどこ行った？

あなたが最近、「自分のために」何かしたのはいつでしょうか？
もちろん、子どもと共にいたら、諦めなければならないこともたくさんあるでしょう。
親である以上、自分の幸せだけを追求するのは、確かに違います。
でも、まず親であるあなたに、幸せでいてほしい。
親のQOLを高めるために子どもを放置、なんてもちろんダメですが、
子どものQOLを上げるために
親のQOLを下げ続けることも、できれば避けてほしい。
親も子もみんな含めた家族全員のトータルのQOLを上げるにはどうしたらよいか。

それを考えてみてほしいなと思います。

だからこそ、捨てられる思い込みは捨て、下ろせる肩の荷は下ろしてほしい。
親であるあなた自身の幸せも、諦めないでほしいのです。
本書には、そのための提案や工夫をたくさん詰め込みました。

間違いなく、あなたの笑顔こそが、子どもの笑顔を作り、
子どもの自己肯定感を育み、やる気を伸ばすのです。
そして、それは確実に、
子どもの幸せな人生につながっていくことでしょう。

はじめに

こんにちは、「ぬまっち」こと、沼田晶弘です。

はじめに少し、ボク自身の紹介をさせてください。


ボクは普段、東京学芸大学附属世田谷小学校で教師として働いています。

その前にはスポーツのコーチや塾講師もしていました。

教師としては20年近く勤め、1年生から6年生まで幅広くタンニンしました。

タンニンというのは「担任」のことです。

漢字で書くと何だか偉そうで、どうも違う。

ボクとクラスの子どもたちの関係を考えると、こっちのほうがしっくりくるのです。

ボクの呼び名は「ぬまっち」で今やすっかり定着していますが、その発端は、子どもたちがボクのことを「ぬまっち」と呼んだことにあります。

ボクは、常に子どもたちと、できるだけ対等な感じの関係でいたいと思っています。

呼び名を彼らに任せるのも、彼らを一人の人間として信頼しているから。

一人の人間としてお互いをリスペクトしていることが大前提で、それができていれば呼び方は何でもＯＫなのです。

そういう意味でも、ボクは一般的なイメージの「先生」とはちょっと、いや、かなり違うかもしれません。

ボクがこれまでやってきたことを少しご紹介させていただくと、

・掃除の時間にポップスをかけ、サビのときだけ全員で思いきり踊る「ダンシング掃除」（ちなみに、サビのときは掃除は「禁止」です）。
・生徒が歴史上の人物を徹底的に調べて先生役をやる「歴史ティーチャー」。
・１８０人分のカレーライスを子どもたちだけで作り、保護者にも振る舞う「時代おくれの２からディナー」（包丁は石を研ぎ、カレー皿は粘土を焼いて作製。野菜など素材作りから行う「１から」は無理だけれど、極力最初からの意味を込め「２から」）。
・サンマの骨をきれいに取り出して食べきる「ＳＰＨＦ（サンマ・パーフェクト・骨抜き・フェス）」　などなど。

こうしたボクの授業は「ＭＣ型授業」や「アクティブ・ラーニングの先駆け」だといわ

れ、多くのメディアで取り上げてもらえるようになりました。

ボク自身はＭＣになろうとか、アクティブ・ラーニングをしようなどとは考えていませんでしたが、結果的にそうなっていたようです。


ボクがいつも考えていることは、ただ一つ。

そのクラスを「世界一のクラス」にすること。

ちなみに、「世界一のクラス」は一つではなく、タンニンしたクラスの数だけあります。

「あっちも楽しそうだけど、俺たちも楽しさ世界一！」なら世界一です。

周りと比べるのではなく、自分たちがどう感じるか――だから、担当したクラスの数だけ世界一があるのです。

子どもには本来、成長しようとする力があります。

その力を見逃さず、丁寧に引き出すことが教師の役目だと思っています。

そうすれば、子どもたちは自身の力で勝手に伸びていくのです。


そんなふうにしてこれまで子どもと向き合ってきたわけですが、そんなボクも、ついに人の親となりました。

子どもの力を伸ばすという意味においてボクのポリシーはこれまでと変わりません。

これまで培ってきたノウハウは、子育てにも生かせるものだと実感しているし、自負してもいます。

もちろん、未就学児のタンニンになったことはありませんし、「ああ、こういうことなのか」「子育てって大変だな」と、親になって初めてわかったこと、感じたこともたくさんあります。

世のお父さん、お母さん、本当にお疲れさまです！

ボクが、教師として約1000人の子どもたちと向き合ってきた20年間近くと、親として自分の子どもに向き合った数年間。

本書では、そんな、大変ながらも楽しく濃密な日々から導き出された「子どものやる気を引き出す方法」をたっぷりご紹介します。

本書で、あなたとお子さんの日々が今より少しでも楽しく幸せなものになったら——そう心から願っています。

contents

contents

3章 親が笑顔になる方法

4章 教えて! ぬまっち こんなときどうする?

STAFF 執筆協力：小元佳津江　編集協力：田中絵里子
本文デザイン：森岡菜々（TYPEFACE）　DTP：武田梢（TYPEFACE）　校正：鴎来堂

1章

ただほめるより もっといい 子育て

ほめ言葉は本当に、自己肯定感ややる気を育てるのか

とにかく「ほめなくちゃ」と思って無意識的に、
条件反射のように、子どもをほめてはいませんか？
だとしたら、それはちょっと危険です。

この章では、子どもの自己肯定感ややる気を育てるどころか、
逆に子どもの成長をじゃましている「ほめ方」ではなく、
ただ「ほめる」よりも、もっといい方法をご紹介します。

子どもの成長に本当に必要なことは、砂糖漬けのように、
子どもを「ほめ言葉」まみれにすることではありません。
むしろダメなことはダメと認識できる力をつけること。

そして、そんな自分を受け入れる力をつけることです。
一度も失敗したことがない成功者はいません。

失敗したら自己肯定感が下がる――
そう思って失敗を過度に恐れ、
失敗したときまでほめていませんか？
成功体験は子どもの自己肯定感ややる気を伸ばすのに役立ちますが、
本当は失敗体験も同じくらい、
いやそれ以上に大切なのです。
失敗を、子どもとともにきちんと受け入れること。
そして、子どものがんばりを認め、適した声かけをすること。
それこそが、子どもの成長に必要です。
これから具体的に見ていきましょう。

01

無理にほめない

形だけのほめ言葉は逆に子どもを傷つけるおそれも。まずは現実を受け止めることが大切。

何でもかんでもほめればいい、わけがない

「子どもはほめて伸ばそう」とよく聞かれます。たしかに、子どもを否定するのは、よくありません。でも、今はこれが幅を利かせすぎて、デメリットのほうが大きくなっているのではないかと感じます。

たとえば、あなたが料理を作ったけれど、自分ではイマイチおいしくできなかったと思っていたとしましょう。そんなときにパートナーが「今日もおいしいね」と言ったら？　そんなことが何回も続いたとしたら？　だんだん信頼がなくなっていくと思いませんか。

じつは子どもも同じです。**思ってもいないのに口だけでほめていたら、子どもだって形だけの言葉だといずれ気づく**でしょう。無理にほめ言葉をひねり出していませんか？

人はできなかったことをちゃんと認め、挑戦して、できたときに伸びるのです。**できなかったときまでほめられていたら、悪い点を改善するチャンスがない**のですから、伸びるわけがありません。

だから大事なのは「とにかくほめる」ではなく、いいものはいい、悪いものは悪いと認識させてあげること。できたときは、ただ「できたね」と言えばＯＫです。そのうえで、自分の力で成果を取りに行く、ということなのです。

子どももほめられれば必ずうれしい、わけではない

高学年を受け持ったとき、子どもたちに聞いたことがあります。100点満点のテストで70点だったとき、「いいじゃない、がんばったわよ」と言う親と「何やってるの、もうちょっとがんばれるでしょう」と言う親、どちらが優しいと思うか、と。すると、なんと後者のほうが優しいと答えた子が大半でした。

70点が微妙な点数だということは、彼らだってわかっているのです。それをほめられたら逆に混乱しますよね。ダメなものをいいと言われ続けたら自分が成長しない、なんてことを言う子までいました。子どもだって、微妙な結果に対してほめられてもうれしくはないのです。

もし、70点でほめられたら、子どもが「次は100点を目指そう!」という気持ちを抱いていたとしても、「これでいいのか」と考え、その気持ちが削がれてしまうでしょう。**親は、自分のことを「こんなもんだ」と思っているんだなと感じ、プライドが傷つく**こともあるかもしれません。また、子ども自身も自分のことを「こんなもんだ」と考えるようになってしまうかもしれません。むやみやたらに発するほめ言葉には、そんなデメリットもあるのです。

「ホンモノの自己肯定感」と「自己効力感」をつけるには

ほめないと自己肯定感が下がると考えている人も多いのですが、それは大きな間違いです。自己肯定感とは本来、ダメな自分や微妙な自分も含めて、今の自分を受け入れる力です。すべてを肯定しようということではありません。

じつは、**人間には「ほめる力」が標準装備されています**。本当にすごいと思ったら自然にほめてしまうもの。むやみにほめるのではなく、そういうときだけほめればいいのです。

もう一つ、子どもに身につけさせたい感覚として、「自己効力感」があります。こちらは簡単に言うと「やったらできる！」と思える感覚のこと。終電間際、「もう間に合わないだろう」と諦めるか、「多分間に合う」と走れるか。後者、つまり**実際の結果にかかわらずとりあえず挑戦できる人が、自己効力感が高い人**です。

幼い子どもは自分より大きなソファに上がろうとしたり階段を上ろうとしたりと、自己効力感に満ちています。しかし成長すると、できないことも増えていきます。だからこそ、子どもが何かに挑戦して成功したときは、ほめるよりも「自分の力でよくがんばったね！」とその挑戦自体に「価値がある」と認識させてあげることが大切です。自己肯定感も自己効力感も、そうやって、本人が「やれば、できた」と実感することで伸びていきます。

心地のいい「ぬるま湯」にい続けても人は成長できない

ビジネスの世界で、人の成長に必要な環境を説明する言葉として、「コンフォートゾーン」「ラーニングゾーン」「パニックゾーン」というものがあります。

「コンフォートゾーン」とは心地いいゾーン、つまり慣れ親しんだ場で、今持っているスキルだけですべての業務をこなせるような環境です。つまり、基本的に失敗も挫折もない「ぬるま湯」の環境です。ここにいたら楽だけど、いつまで経っても成長できません。

その次の「ラーニングゾーン」は「学びのゾーン」。今のままでは解決できない課題があり、やり方を工夫する必要があるような環境で、自然と成長が促されるゾーンです。

その先の「パニックゾーン」は、今のスキルではまったく通用せず、正しい判断や状況把握ができないような環境で、ストレスが強すぎて不調をきたしかねないゾーンです。

人が成長していくためにはコンフォートゾーンを出て、**ほどよく難しいラーニングゾーンに上手に移行していくことが大切**だといわれています。でも、現在の教育は一言でいうと、コンフォートゾーンから少しも出ないようなものになってしまっています。それは、家庭での子育てにおいても同じことがいえます。子どもが自分を広げるラーニングゾーンに飛び込めるかどうかは、大人の関わり方次第です。ぜひ子どもに挑戦させましょう。

無理にほめると、
子のやる気や信頼を失うこともある

Before
せっかくのやる気を奪いたくない…！とにかくほめて伸ばそう
8回もすごいよ！がんばったね
数へっちゃったのに？お母さん本当にそう思ってるの……？
やる気
After
8回か。今日は調子悪かったんだね。じゃあ、次の目標は何回にする？
16回!! この前の記録破りたいもん
やる気
+α
じゃあ上手に飛べるコツを一緒に調べてみよっか！

02

根拠のない励ましをやめる

事実をねじ曲げるのはNG。
子どもががんばっているなら、
そのこと自体をほめよう。

「3位でもママの中では金メダル！」はNG

運動会の徒競走で3位だった子に「ママの中では金メダルだよ！」と母親が言ったという話があります。たしかに子どもはがんばったでしょう。しかし、金メダルは1位に与えられるもの。がんばったで賞とは違います。励まそうとして事実を勝手に変えた発言をすると、**次は金メダルを取るためにがんばろうという子の気持ちを奪ってしまいます。**

子どもが落ち込んでいるからといって、根拠もないのに正当化したり、無理に励ましたりほめたりすることはやめましょう。それよりも、ありのままを子どもと一緒に受け入れましょう。

3位でも金メダル、75点でも100点とし続けていたら、自己肯定感が上がるどころか、むしろデメリットのほうが大きい。なぜなら、幼稚園・保育園、小学校、中学校、高校、大学、社会……親の手元から離れるほど、自分が全く通用しないことを思い知るだけだからです。人は大きな世界に出て行くたびに、自分は井の中の蛙だったと知るわけですが、**小さな頃から親が下駄を履かせていたら、現実との距離を見誤ってしまいます。**ギャップがより大きくなるぶん、挫折感も相当なものでしょう。

とはいえ、金メダルや100点のとき以外ほめるなと言っているわけではありません。その子が必死にがんばって銅メダルを取れたなら、銅メダルを認めてあげてください。

03

「ほめる」段階をまちがえない

「ほめる」を安売りするとだんだんツラくなる!? 子どもの要求を正しくキャッチして。

「ほめる」は5つのレベルの一つ

子どもが、自分の描いた絵を「見て見てー」と持ってきたとします。あなたなら何と言うでしょうか？　そんなとき、なんとなく反射的に「すごいね」と言っていませんか？

人はみんな「見て見て欲」を持っています。もう少し難しい言葉で言うと「承認欲求」です。最近よく耳にする言葉かもしれません。

これは、自分のことをもっと見てほしい、認めてほしいという欲求で、子どもではなおのこと強いでしょう。この「見て見て欲」にはじつは5つのレベルがあり、親の対応もそれに応じて5つにするのがよいと考えられます。5つのレベルとは、

①見る　↓　②気づく　↓　③認める　↓　④ほめる　↓　⑤喜ぶ

そして、ボクはこれを「承認5・0」と呼んでいます。いわゆる「ほめる」のはレベル4以降で、レベル3まではよいとか悪いとかの評価をしていません。つまり**初期のレベルでは、ほめなくてもよい**ということです。子どもが抱えている欲求がどのレベルのものなのか意識してみてください。

承認5・0の中身とは？

レベル1の「見る」は、そのままのとおり「見る」という意味です。「見てー」と言われたら、まずはじっくりと見てあげればよいのです。

レベル2の「気づく」は、「見て」と言われる前に見るということです。つまり、普段から気にかけておくということですね。

レベル3の「認める」は、その子の変化や成長に気づき、ありのままの事実を受け入れること。ここまでのレベルでは基本的に、**気にかけて受け入れればそれでよい**のです。

レベル4が「ほめる」。3つの段階を経て、ここで初めて「ほめる」が登場します。これは「すごいね」「上手だね」など、言葉どおり「ほめる」という意味です。ただし、自然と出る言葉なので、**意識してほめる必要はありません**。

そしてレベル5が「喜ぶ」です。「すごいね」とほめるのではなく、そこまでできるようになったその子の成長を、「やったー！」と親自身が自分のことのように喜ぶことです。

大人でも、仕事のやりがいなどを聞かれたときに「誰かの喜ぶ顔が見られるから」と答える方は多いのではないでしょうか。自分の行動で親が自然と喜んでいる姿を見たら、子どもだってきっと、単に「すごいね」と言われるよりずっとうれしいはずです。

「すごいね」を使いすぎているかもしれない

さて、最初に例に挙げたように、子どもが「見てー」とレベル1の要求をしてきたときに、「すごいね」とレベル4の反応を返したとしたら、それはやりすぎということになります。

これは、**「千円ちょうだい」と言われているのに4千円あげているようなもの**です。これに慣れた子どもは、今度は「4千円ちょうだい」と言うようになるでしょう。すると、親は1万円くらい返さないといけなくなってくる。こうなると、どんどんしんどくなってきます。

もし今あなたが、ほめるのがしんどいな、と感じているとしたら、こうしたギャップが子どもとの間にできているからかもしれません。

「とにかくほめなくちゃ！」と思っていると、何でもかんでも「すごいね」と言ってしまいがちです。しかし言い過ぎると「すごい」の価値が薄れてしまいます。

もし、そんな傾向があるようなら、「すごいね」ではなく、すごいと思う部分を具体的に伝えてみてください。レベル3までは、評価をする段階にないのです。ここでは、**「評価」でなく「会話」をする**ということを意識するとよいでしょう。

たとえば、子どもが描いた絵を持ってきたら、「すごいね」ではなく、「どうしてこれを描いたの?」「お花がきれいだったから」というように、絵をもとに会話を広げるイメージです。

子どもの絵を見ても、しょっちゅう見ていれば短期間でそんなに変わるものではないでしょうし、正直なところ特に感動を覚えない、ということもあるでしょう。そんなときこそ会話をするのです。「すごいね」という言葉は「とにかくほめなくちゃ」という意識から出ていることももちろんありますが、見方を変えると、**会話を打ち切りたくて言っているる**という側面もあるかもしれません。子どものやっていることにもっと興味を持てば、きっと自然と何かしらの言葉が出てくるはずです。

また、親だからといって必ずしも子どもよりえらいわけではありません。このため**「評価する言葉」を使いすぎるのも避けたい**ところです。

日本では年長者を重んじ、若い人を軽んじる傾向もまだまだ根強くありますが、これは長老制からの脱却ができていない証拠であるとも考えられます。

子どもだからといって親が「うまくできている」「あまりよくない」などの評価を下す必要はありません。一人の人間としてリスペクトを持って接してみてください。

子どもの要求レベルに合わせて
ふさわしい対応を選ぼう

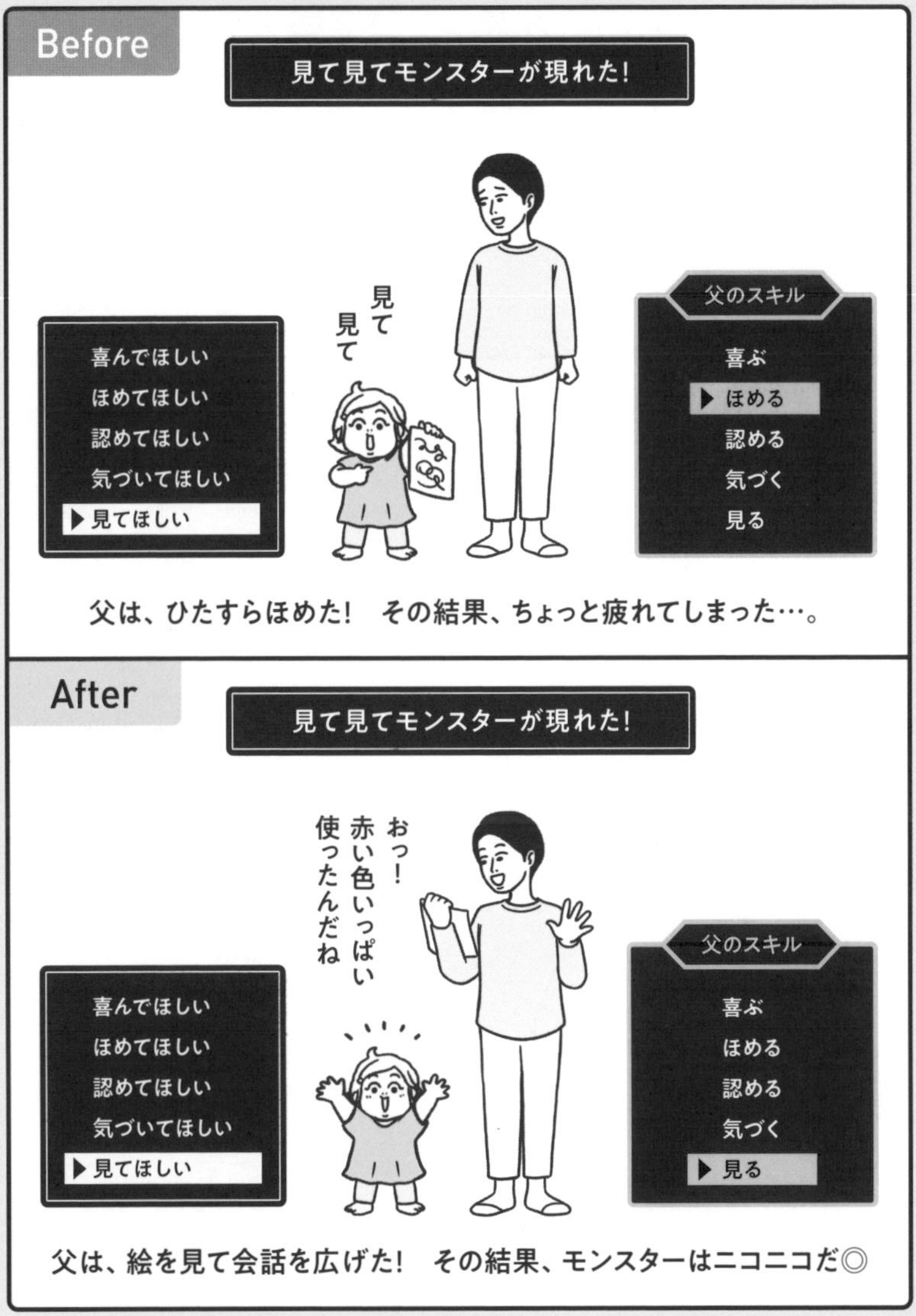
Before
見て見てモンスターが現れた！
見て
見て
喜んでほしい
ほめてほしい
認めてほしい
気づいてほしい
▶見てほしい
父のスキル
喜ぶ
▶ほめる
認める
気づく
見る
父は、ひたすらほめた！　その結果、ちょっと疲れてしまった…。
After
見て見てモンスターが現れた！
おっ！
赤い色いっぱい
使ったんだね
喜んでほしい
ほめてほしい
認めてほしい
気づいてほしい
▶見てほしい
父のスキル
喜ぶ
ほめる
認める
気づく
▶見る
父は、絵を見て会話を広げた！　その結果、モンスターはニコニコだ◎

04

きちんと見る→言われる前に見る→「なりこみ」を使う

承認5・0：①見る　②気づく　③認める

「ほめる」より前に、「気にかけているよ」ということを伝え、子どもに共感を示そう。

「見ているよ」「気づいているよ」を示そう

子どもに「見てー」と言われたら、とにかく「見ている」ことを示しましょう。遠くから「見てー」と子どもが叫んでいたら、目を合わせて「見てるよ!」と叫んでもいいでしょう。「見てほしい」から「見てもらった」、この段階ではそれで十分です。**見てもらえると、それだけで子どもは安心する**のです。

次の「気づいて」では、「見て」と言われる前にこちらから先に見る。子どもの様子を気にかけ、じっと見るということです。本質的にはそれだけですが、せっかくならそれを、子どもにそれとなく伝えたほうがいいでしょう。

たとえば、子どもが何かをしているときにじーっと見ているとしましょう。そこで、子どもがこちらに気づいて「どうしたの?」などと言ってきたら、「え、見ちゃいけないの?」「見たいから見ていただけだよ」などと返すのです。つまり、**見ているよ、あなたに気が向いているよ、気にかけているよ、というマインドを示せばよい**わけです。

ボクも授業中、何かする前に子どもと目を合わせてうなずき合うことがあります。そこに具体的な意味があるわけではないのですが、何かしらキャッチボールができた気になれますし、それだけでも子どもは満たされた気持ちになるものです。

普段から「気にかけている」ことを意識的に伝える

今は、「気にかけているよ」が昔に比べて示しにくくなった、ともいえるかもしれません。たとえば、「見守りメール」やGPSなどの発達で、子どもがどこにいるか、常に親が把握することもできるようになってきました。それは、防犯面ではすばらしいともいえますが、一方で、**親が以前より子どもを対面で気にかける回数が減った**、という側面もあるのではないでしょうか。

以前なら、子どもの帰りが遅かったら「遅いなあ、何してるんだろう、あの子は。またどこかで油を売っているんじゃないだろうか」とやきもきする。それゆえ、帰ってきたら「どこ行ってたの！」と叱る。でも今は、「あれ、公園で止まっているぞ」とわかってしまう。心配が和らぐぶん、子どもを叱る回数も減っているかもしれません。これは一見、親にも子どもにもいいことのように思えますが、親が子に「あなたを気にかけているよ」というメッセージを暗に伝えられる機会が減っているともいえます。

だからこそ、あなたの変化や成長に「気づいているよ」、あなたのことをいつも「気にかけているよ」というメッセージは、意識的に示すくらいでちょうどよいのではないかと思います。

「認める」には相手に「なりこみ」、受け入れること

100点満点のテストで子どもが70点を取ってきたら、あなたなら何と言いますか？「がんばったわよ」とほめ言葉を絞り出すのか、「もうちょっとがんばれるでしょう」と発破をかけるのか。前者よりは後者のほうがいいというのは、先にも書いたとおりですが（P22）、無理に発破をかける必要もありません。

こういうときには単に「70点だったんだね」と言えばよいのです。つまり、70点であるという**事実をそのまま受け入れ、ほめたり叱ったりしない**。これが「認める」ということです。

子どもが「テスト、70点だったんだ」とくやしそうに言ったら「ああ、70点だったのか」。「忘れ物しちゃった」と言ったら「忘れちゃったんだね」などと、くり返します。このように、相手の言葉をくり返し、相手と同じ気持ちになることを「なりこみ」といいます。**「評価」をせず、相手になりこんで共感を示す**ことが「認める」になります。

もし、まったくくやしそうな様子がないようなら、なりこんだあと「次、がんばろうね」と加えてもよいかもしれませんね。

必ずしも賞賛しなくていい

「見る」「気づく」「認める」は、これまで「すごいね」など評価をすることが習慣になっている場合、ちょっと難しいかもしれません。まずは、そのような場面で**子どもの要求が何なのかを意識し、それに合わせて対応していく**ことを心がけてみてください。

「見る」「気づく」「認める」に共通するのは子どもを気にかけ、ありのままを受け入れ、子どもの存在自体を「認めているよ」という姿勢です。評価ではなく会話をすることを意識していただくと、きっとうまくいくと思います。

伸びた人はほめられ続けて伸びたわけではありません。もちろん、できたときにほめられるとうれしく思います。でも「ほめられたいからがんばる」というのは長続きしません。それよりも、できなかったときに自分でそれをきちんと認識できることのほうが、成長には非常に大切です。できたときも、できなかったときも、子どもと一緒にそれを受け入れ、認めましょう。そして、次の自然な「ほめる」につなげるためにも、親はニコニコしていましょう。

また「認める」は、賞賛することとはちがいます。あくまでありのままを受け入れることなので、「よかった」「悪かった」などの結論に必ずしも結びつける必要はありません。

子どもには「気にかけている」「認めている」ことをしっかり示そう

Before
見てくれない…
みているよ
気にかけているよ
気づいているよ

思っているだけでは、子どもに伝わらない。

After
見てくれた！
気にかけているよ
気づいているよ
みてる

子どもに対してわかりやすく、意識的に示す。

05

具体的にほめる→親が心から喜ぶ

承認5・0：④ほめる ⑤喜ぶ

心あるほめ言葉にするには丁寧な観察を。できれば喜んで「ほめる」の上をいこう。

声かけは子どものレベルに合わせて変える

中途半端にほめず、子どもと会話やコミュニケーションを交わしていくと、逆に、本当に「すごい」と思ったときにしか「すごいね！」とは言わなくなってくると思います。

だからこそ、子どもが絵を持ってきたとき、演奏を披露したとき、逆上がりができたとき、あなたが本心から「これはすごい！」と思ったら、ぜひほめてあげてください。これは自然な「賞賛」であり、「評価」ではありません。

ただし、**ほめるには、観察力や語彙力も大切**です。ほめ方も子どものレベルに合わせて変えていく必要があります。たとえば、着替えがすでに上手にできるようになっている子に対し、「上手だね〜」などと言っても、子どもはバカにされていると感じるかもしれません。そういう場合は「ボタンをはめるのがすごく速くなったね」など、具体的なところをほめるとよいでしょう。同様に、初めてサッカーをした子には「いいじゃん、すごいね」でよいかもしれませんが、経験を積んできたら「今のトラップいいね」「ボールの回転がすごくよかったよ」など、**ほめ方も細かくしていかないと、おざなり感が出てしまいます**。

そういう点をほめるには、子どもの様子を日頃からよく見ておくことが大切です。

でも、「ほめる」より簡単で効果的な方法があります。それが「親が喜ぶ」ということです。

相手が大喜びする姿が一番燃える

さて、漢字テストでずっと70点だった子が100点を取ってきたら？「すごい!!」「よかったね！」。それもよいと思います。でも、「やったー！お母さん（お父さん）めちゃめちゃうれしい！焼肉行っちゃう？」「おばあちゃんにも電話しちゃおうか」。そんなふうに言って大喜びしている姿を見たら、子どもはもっと燃えるのです。

子どもが初めて歩いたとき、親はついうれしさのあまり、ちょっと離れて2、3歩、さらに歩かせようとしますよね。でも、1歩がギリギリだった子が2、3歩歩くのはかなり大変なこと。それでも、**大喜びしてくれている親の顔を見て子どもはがんばる。**そして子どもは、「この人がこんなに喜んでくれたのだから、がんばってよかった」と思うのです。

じつは、これは子どもが大きくなっても同じです。子どもにもっとがんばってもらうために、ぜひドラマチックに喜んでみてください。

もし、最近子どものことであまり喜んでいないなと思ったら、それは、**本当にあなたが喜ぶことを子どもにさせていない**からかもしれません。子どもが何をしてくれたら一番うれしいでしょうか。料理？　肩たたき？　その子の年齢なりにできることは必ずあるはずです。あなたがうれしいと思える何かを、どんどん子どもにやらせてみてください。

人は「ほめられた」ときより「喜んでもらえた」ときに燃える

06

「ほめられ方」を伸ばす

「うれしいときにはうれしい顔をする」を教えると子どもの人生が大きく変わるかも!?

喜び上手は愛され上手

親が喜び上手だったら子どもの力は伸びます。人というのは元来、相手の喜ぶ顔が大好物なのです。

これを逆に応用すると、子どもが、ほめられたときにきちんと喜べる「喜び上手」な人間になれば、周囲の人からもどんどん愛され、評価も上がるということです。

これまで、むやみにほめたり、何でもかんでも「すごい！」と言ったりしないようにとお話ししてきました。その点からは一見矛盾するように感じるかもしれませんが、これは親が無理にほめるということではなく、**子どもが周囲からも自然とほめられるような状況を作っていく**、ということです。

喜んでいる人のところには、人やモノも集まってきます。これはこの世の大原則です。あなたの周りにも、やたらとお土産やプレゼントをもらう人がいませんか？　そういう人を観察していくと、とても喜び上手な人ばかりだと気づくと思います。何かうれしいことをしてもらったときに、「わあ、うれしい！」「ありがとう！」と素直に喜ぶ。そんな姿を見ると、何かをしてあげた側もうれしくなり、またしたくなる。

つまり、**喜び上手には素敵な好循環がついてまわり、とてもお得**でもあるのです。

喜びは表現してこそ伝わる

いくら心の中で喜んでいたとしても、表現しなければ相手には伝わりません。でも、日本人はこれが苦手な人がじつに多い。それは、謙遜の文化が深く根づいていることもあり、**人前でほめられたときに笑顔を出す習慣がない**からです。謙遜文化を全否定するつもりはありませんが、素敵な好循環を回すには、ほめられたり、うれしいことがあったりしたときは、きちんと喜びを表現することを覚えさせたほうが得策です。

我が家でも、娘にはまだ小さなうちから「おいしいものを食べたら、おいしい！という顔をしなさい」と言っています。そこで、ぶどうが大好きな娘が、食べるときに「おいしい〜！」というとびきりの笑顔をしていたところ、彼女のおばあちゃんは毎回ぶどうを買ってきてくれるようになりました。

大人も含め、怒られたときにはずっとうつむいてやり過ごすという基本スタイルを身につけているのに、ほめられたときはどうすればいいかわからないという人がたくさんいます。それは、**ほめられ方を練習していない**からです。欧米にはもともと気持ちをポーズや言葉にして表す習慣があるので、ほめられたときも彼らは思いきり喜びを表現します。ぜひ参考にして、子どもにうれしいときのリアクションを教えてあげてください。

うれしさを表現しにくい子には まずはポーズで示してもらおう

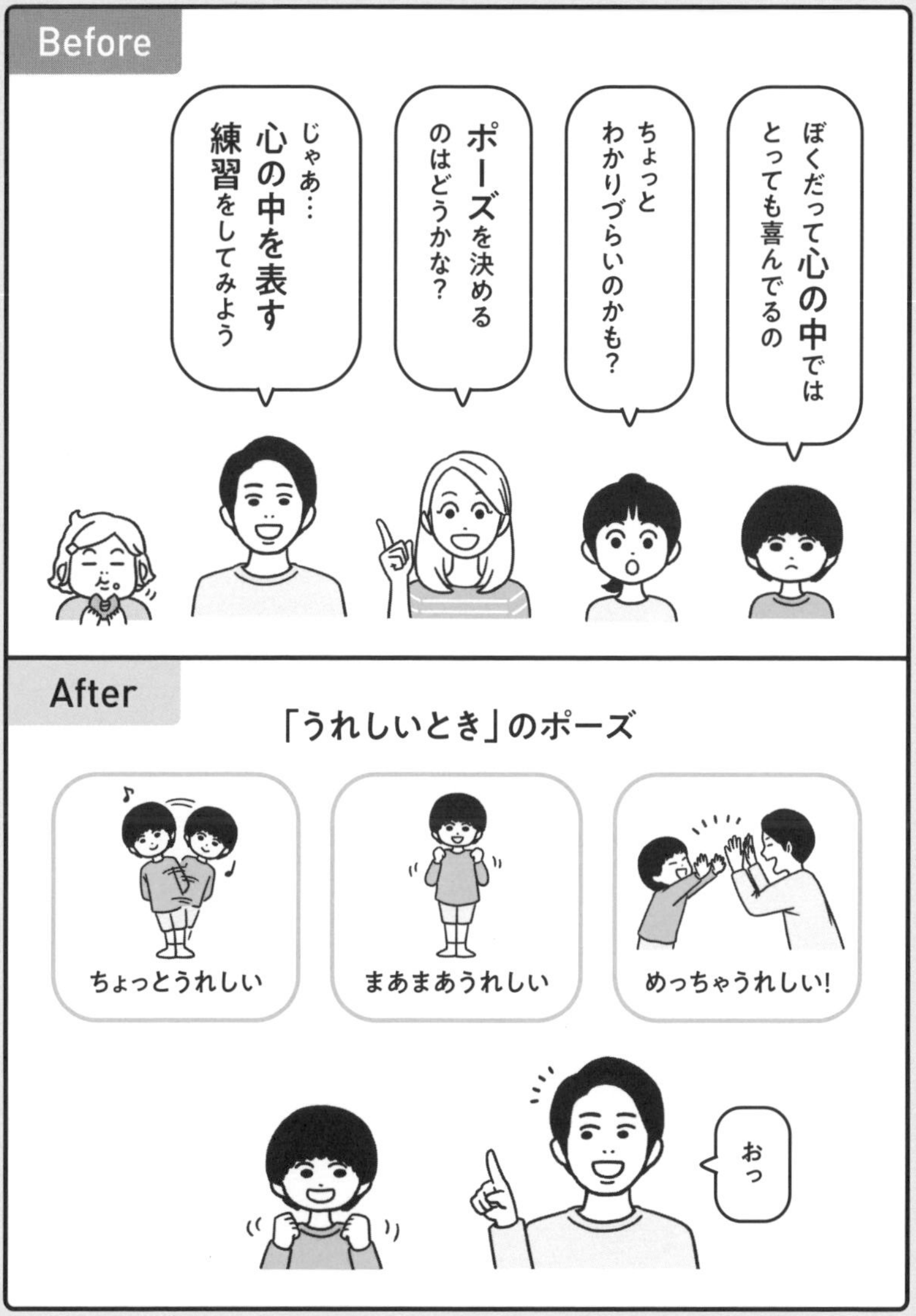

07

覚悟を決めて全部やらせる

手助けしているうちは成長しない。失敗してもいいから子ども自身にやらせよう。

子どもの学びを奪わないで

親は子どもを、自力では何もできない新生児の頃から見守り続けてきたせいか、いつまで経っても「まだまだ何もできない存在」なのだと思ってしまうところがあるようです。子どもは日々成長しているのに、幼児になってもつい赤ちゃん扱いしてしまう、小学生になっても幼児扱いしてしまう、そんな側面もあります。いつまでも子どもを見る目が「幼い頃のままの設定」になっていないか、「何でもやってあげなくちゃ」と思いすぎていないか、ときどき振り返ってみることも大切です。

特に能力の高い人ほど、子どもに手厚いサービスをしてしまいがちです。けれども子どもへの手助けは手厚いほどよいとは限りません。

たとえば、幼い子どもはよく転びます。でも、そこで自力で立ち上がってまた歩き出せれば、何の問題もないでしょう。また、よく転ぶ以上、何度か転んで**上手な転び方を覚えておかないと逆に怪我をしやすくなります**。

ところが、転んだとき、親がスッと現れていつも手を貸していたらどうなるでしょうか。ずっとそうされ続けた子どもは、きっと自力で立ち上がることを覚えなくなってしまうでしょう。

そして、転ぶ前から、障害となりそうな石を親が拾ってしまったらどうなるでしょうか。転ぶ機会がなければ、当然ながら転ぶ練習も、そこから立ち上がる練習もできません。これでは**子どもが失敗する機会や、失敗から立ち直ることを学ぶ機会を奪っている**のと同じです。

これは、リアルに子どもが転んだときの対処の話であると同時に、子どもの人生におけるたとえでもあります。

「これをやらせたら、失敗しそうだなあ」と思った瞬間に「ダメ」と禁止していませんか？　失敗したら子どもがかわいそうだから？　失敗したあとの処理やケアが大変だから？　いろいろと理由はあると思います。でも、失敗を避けることや、やってあげることだけが正解ではないのです。「転ばぬ先の杖」は子育てにおいては、やりすぎると子どものためになりません。

自分で経験しなければわからない

親は子どもより長く生きているので、これをやったらこうなる、あれをやったらああなる、ということがわかっています。でもそれは、**経験したからこその話**です。

子どもは何もできない人ではなく、「まだやったことがない人」にすぎません。

ボクの知人は、小学1年生の子どもから「お皿洗いしてあげるね」と言われ、顔がひきつったそうです。子どもの気持ちはうれしいけれど、キッチンがビチャビチャになるし、大変だなあと思ったわけです。それを聞いてボクは、「床がビチャビチャになってそれを拭くところまでが皿洗い。全部やらせなかったら意味がないし、中途半端に一緒にやり続けていたら倍の時間をとられる。だから今日は我慢しなよ」と言いました。

知人がそのとおりやらせてみると床はビチャビチャになりました。そこで「床がビチャビチャだよ」と教えると、子どもが大量のキッチンペーパーを持ってきたため、思わず怒鳴りそうになるもグッと我慢。「またやってあげるね」と子どもが言うので、何とか「明日もお願いね」と伝えたそうです。

すると翌日、奇跡が起きました。その子はまず床にキッチンペーパーを敷きました。でも、これが全く濡れなかったのです。つまり、**全部自分で拭いたことで、ここまでやらなきゃいけないんだと学んだ**から、洗っているときから水が外に出ないように注意したのです。

これが、自分で経験させ、失敗させることの意義なのです。

子どもが何かをしようとしているときはできるだけ任せ、覚悟を決めて手を出さずに見守りましょう。**大変なのはきっと最初の1日だけ、長くてもせいぜい1週間程度**です。

目先の仕事が増えても、1週間後の仕事は減る

学校での忘れ物も、親が全部届けているうちはなくなりません。幼い子どもが、食事の際にお茶や汁物をこぼさないようにするのは無理ですが、だからといって、こぼす前に親がコップやお椀をどけていたら、きっと大人になってもこぼすでしょう。**本人がこぼれないようにと意識しない限りこぼす**からです。

我が家でも、手を出さず娘に任せていたら、その日に食べる予定だった夕食を派手にこぼしてしまったことがありました。でも、そういうときも怒りはしません。ただ、「この食べ物は誰かが作ってくれたものだよね」と〝もったいないことをしてしまった感〟を共有し、「もうやらないように気をつけてね。じゃあ、一緒に拭こうか」と言って一緒に拭くだけです。その日、娘は「あれが食べたかった」とこぼしたご飯を欲しがっていましたが、「もうなくなっちゃったよ」と言ってそれは食べさせず、ほかのものを食べさせました。そのときは大変でも、後々のことを考えたら失敗をそのまま認める経験をさせておいたほうがよいですし、失敗しないためにはどうすればいいか考えるようになるので、親自身も将来的にラクになります。

人は自分で経験しなければ
わからない生き物

～思い出の失敗アルバム～

長男の場合

子どもは**試行錯誤しながら**学んでいく

長女の場合

失敗することで自分の行動を自覚し、**工夫が生まれる**

08

失敗は親も一緒にくやしがる

失敗してしまったときは無理に励ますのではなく、悔しさを共有して次につなげよう。

失敗を糧にして次への一歩を

お茶をこぼすくらいなら大したことはありませんが、人生にはもっと影響力が大きい失敗もたくさんあります。がんばって練習した運動会の徒競走、スポーツの試合、テスト、受験……。勝負事には勝ち負けが付きものですから、それまでにかけてきた時間や努力が大きければ大きいほど、勝ったときの喜びも、負けたときのくやしさも大きくなります。

大きな勝負に出て勝てば自信になりますが、負けたときには相応の痛手を負うでしょう。でも、失敗が決して悪い面だけではないことは、これまで述べてきたとおりです。

ショックを受け、意気消沈している子を前に、親もどうすればよいか悩むかもしれませんが、そんなときはまず、無理に前向きなことを言おうとせずに、**子どもの気持ちになりこんで、一緒にくやしがればよい**のです。決して「気にしなくていいよ」「忘れよう」なんて言わないでくださいね。子どもの気持ちが落ち着いてきたら、次なる目標が定められるよう、前向きな言葉をかけていくとよいでしょう。

もし、どんなにがんばっても負け続きだったら？　そんな心配もよぎりますよね。そういうときは単に**そのフィールドがその子に合っていなかっただけ**。それがわかっただけでも収穫です。別のことをやってみたらうまくいった、ということもたくさんありますよ。

09

子どもに家電を使わせる

家電は子どもが使えるものも案外多い。使わせれば子どもも成長するし、自分もラクに。

子どもは、大人が思うより何でもできる

子どもは大人が思うよりずっとたくましく、結構いろいろなことができます。ですから、基本的にはどんどんいろいろなことをやらせるほうが子どもの成長にもつながります。たとえば、子どもに家電を使わせて、家事をやってもらうのもよいでしょう。

小学生以上であれば使える家電も増えてきます。たとえば、炊飯器やトースター。水の分量を間違えてご飯がドロドロになったり、パンが焦げたりすることはあるでしょうが、何とか食べられますし、大した被害はないはずです。1年生からできます。

また、掃除機もかけられるでしょう。初めのうちはきれいにかけられず、ゴミが残っているかもしれませんが、やっていくうちにどうしたらうまくかけられるか考えるようになり、工夫するようになるものです。**親から頼られれば子どももうれしくなり、きっともっとがんばりたくなる**ことでしょう。

もちろん、炊飯器のふたを開けたときの蒸気や、トースターの焼き網部分に触れてやけどをしたりしないよう、必ず使い始める前に危険なことや使い方をきちんと伝えておいてください。

また、大人の使用時同様、取扱説明書に記載のある使い方をすることも前提です。基本

的に、**チャイルドロックのある家電は危険性が高いものになるため、チャイルドロックのない家電から、年齢に応じて使わせていく**とよいでしょう。

2歳半でも一人前！ ぬまっち流子育て

我が家の子育ては「基本的に何でもやらせる」という方針です。娘は2歳半頃から料理の手伝いを始めました。作業のほとんどはピーラーでの皮むきなどですが、だいぶ慣れた手つきになってきました。電子レンジも使い方を妻に教わり、自分で操作できるまでに。取り出すときも、鍋つかみをつけて取り出しています。

また、シャワーは一人で浴びています。もちろん、湯船にお湯を張っていないときです。温度が固定できるシャワーを使わせ、親は脱衣所で見張っています。

キッチンにベビーゲートも一時つけていたのですが、複雑な開け方が大人にストレスで、すぐ撤去しました。その代わり子どもに、キッチンは危ないところだときっちり教えました。ここには包丁があって危ないから触らないよ、など一緒に確認します。子どもが触りたくなりそうなものは、見えないところに置く。そして、小魚スナックなど食べてもいいと思えるお菓子を、触れるところに置いておく。初めの3日くらいは大変ですが、それでも3日です。

子どもが使用するときの注意点

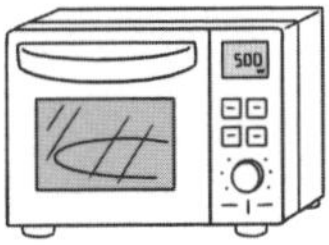

電子レンジ
卵などの加熱してはいけない食品を教えておく。

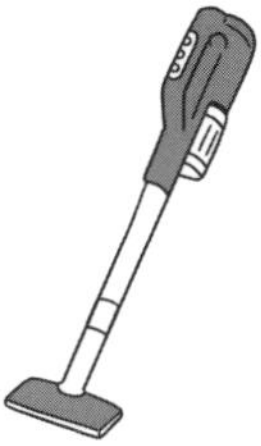

掃除機
吸引口を触ったり指を入れたりしない。

炊飯器
炊飯中は蒸気口に手や顔を近づけない。ふたを開けたときの蒸気にも注意。

トースター
調理が終わった食品を取り出すとき、焼き網部分に触れない。

食器洗い乾燥機
専用の洗剤を使うことや、洗えない食器を教えておく。

あっ ご飯炊くの忘れてた！
ぼくが 予約して おいたよ！
子どもは親が思う以上に飲み込みが早い。できることが少しずつ増え、いつのまにか頼りになる存在になるはず。

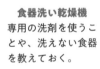

10

最終的に一人で生きていくんだと教える

親がいなくても生きていけるようにする。それが究極の親の役割だと認識しよう。

一人で生きていける力をつけることが親の役目

無理にほめるのはよくない。「子どものために」と親が下駄を履かせてはいけない。成功を目指して何にでも果敢に挑戦させ、もし失敗してもそれを糧にすればいい——。

この章ではそんなお話をしてきましたが、その考えのベースには、順番を間違わなければ「基本的に親は子どもより先に死ぬのだから」という思いがあります。つまり、**親は子どもをずっと守り続けることはできない**。そうである以上、一人でも生きていける力をつけてあげることが親の役目でしょう。「親は、年齢から考えたらあなたより先に死ぬんだよ。だから、これを覚えてね。これができるようになってね」。子どもにはっきりとそう言わずとも、そのような姿勢で向き合っていけば、それは伝わるものです。

料理など全くしなかった亭主関白のお父さんが、妻を亡くしたら急に料理ができるようになった、などという話も聞きます。つまり、やらせればできる。**やらせないからいつまで経ってもできない**のです。あなたがもし、インフルエンザなどで寝込んでしまったりしたときには、薬で熱が下がってラクになったあとも、まだ熱があるフリをして、家のことをあえてやらずに子どもの様子を見てみてもよいと思います。「自分ががんばらないと!」と奮起し、いろいろやってくれるかもしれません。成長を促すよい機会になるでしょう。

独り立ちと巣立ちは別

親が子どもの失敗を回避しようとつい手を焼いてしまう理由は、これまで書いてきたように、失敗したら子どもがかわいそうだから、その後のケアが大変だから、といったこともあるでしょうが、それ以外にもう一つ大きな理由があります。

それは、**子どもに自分の元を離れていってほしくない**と、親が深層心理で思っていることです。深層心理でなく、意識として自覚できている人も多いかもしれません。頭では「子どもを自立させなくては」と考えていても、自分から離れていくというさびしさや恐怖感がそれを邪魔してしまうのです。

でも、さびしさや恐怖感を覚えるのは、独り立ちと巣立ちを混同しているからではないでしょうか。独り立ちしたからといって、子は親から離れるわけではありません。親にとっても「一人では生活できない子ども」と暮らすより、「一人でも生活できる子ども」と暮らすほうがよいですよね。つまり「何でも面倒見てあげなくちゃ」ではなく、**「仲間として一緒にやっていこう」というスタンス**で子どもと向き合うのです。子どもが巣立つ瞬間は親としては誇らしくも絶対に寂しいでしょうが、それと独り立ちは別。

巣立ちの日まで、独り立ちした子どもと楽しく過ごしていただきたいなと思います。

手を焼きすぎず、子どもが自らクリアしていく姿を見守ろう

「お子様仕様」は子どものためにならない

学校の給食の片付け時の話ですが、使い終えたお皿を重ねる際、少し上から投げる子が大勢いました。「お皿は投げないでね」と言っているにもかかわらずです。そして、あるときふと「そうか、割れないから投げるんだ」と気がつきました。学校給食の器には、たいていメラミンなど割れない素材が使われています。割れたら大変だからと割れない食器にしているわけですが、割れないから投げ続けるというわけです。

逆にいうと、給食食器はみんな高級陶器メーカーのもの、それが無理ならせめて陶器の器にすればいいのです。佐賀県には、給食食器に有田焼が使われている学校もあるそうですが、割れることはほとんどないのだとか。「割れてしまうおそれがある」「これは高価な器なのだ」と思うと、人は割らないように扱うもの。それは子どもも同じです。

部屋のインテリアでも、子どもが生まれてからは汚れてもよいカーペットやカーテンに替えたというご家庭も多いでしょう。でも、思いきって、自分の好きなカーペットやカーテンを使ってしまうのもよいのではないでしょうか。汚れてもいいものを使っていたら、きっといつまで経っても汚されることになるからです。

子どもだからとこちらが見くびって、何をやっても大丈夫な「お子様仕様」に周りを整えてしまうと、子どもはずっとできないままです。トラブル回避のための行動を考えるチャンスもないので、どんどん受け身の指示待ち人間になっていくでしょう。自分で考えさせ、より成長してもらうためには、思いきって大人仕様のものを使わせるのも一つの方法です。

2章

子どものやる気の引き出し方

子どもが夢中になり、ついやってしまうような工夫を

子どもの自己肯定感ややる気を引き出すには、結果はどうあれ、とにかく本気で取り組む経験が必要です。

結果はいい、プロセスが大事なんだ――。

そんな言葉もよく聞きますが、**プロセスが生きた経験になるのは、本気で結果を取りに行ったときだけ**。

ですから、何でもいいから本気で取り組み、必死に向かっていく経験を大事にしてほしいです。

子どものやる気を引き出すには、いくつかポイントがあります。

特に、勉強やお手伝いなど、子どもにとってつまらないことなら、なおさらです。

ただただ「やってほしい」と願っているだけでは通じない。

また、「やりなさい」と言っているだけでは、一向に進まないでしょう。
やはり、子どもの性質を理解し、それに合わせて、子どもが夢中になったり、
抵抗なくついやってしまったりするような工夫が必要です。

この章でご紹介するメソッドは、ボクが大勢の子どもと一緒に過ごすなかで
少しずつ編み出したものですが、多くは大人にも当てはまるものです。
人のやる気を引き出すという意味では、大人も子どもも同じ。
大人ができないことは、子どもにもできるはずがありません。
逆に、大人がそうしたいと思うことなら、子どもだってそうしたいと思うでしょう。

そして、「こうなってほしい」ではなく、「この子はどうなりたいんだろう」
そんなおおらかな視点でお子さんを見つめてほしいと思います。
それが、子どもを生き生きとさせ、
やる気を伸ばす一番の特効薬です。

11

反抗は成長の証だと考える

「イヤイヤ」は自己主張しているだけ。対話を重ねればやる気を伸ばすこともできる。

「イヤイヤ期」「反抗期」ではなく「自己主張期」

子どもが2歳くらいになると「イヤ！」と言うことが増えてきて、この時期は一般的に「イヤイヤ期」と呼ばれています。また、思春期頃、子どもが親に反抗的な態度をとり始めると、「反抗期」だと言われたりします。イヤイヤ期、反抗期などと言うとネガティブなイメージしか浮かびませんが、別の見方をするとこれは、これまで何でもかんでも受け入れていたものに対し、「NO！」と言える判断力がついてきたということ。つまり、**自分の意見を持ち、それを主張できるようになってきた**ということです。

こちらの言うことに対し「イヤ！」と言われたり、反抗されたりすると、親は大変なので、ついどう抑え込もうか、どう受け流そうかという発想になりがちです。でも、子どもが一生懸命主張をしているのだから、こちらも真っ向から主張をぶつけるのが本来のありたい姿なのです。

自分の意見を主張してそれが受け入れられれば、子どもはある種の達成感を覚え、「自分はできるんだ」と感じて意欲的になっていくでしょう。つまり、イヤイヤ期や反抗期は親の出方次第では**子どものやる気を伸ばせる絶好の時期**だということです。少々大変な時期かもしれませんが、成長の証だと考えて子どもと向き合ってみてください。

主張されたら、とことん話す

主張が受け入れられることで子どもはやる気を伸ばす、と言うと、何でもかんでも受け入れてしまう方がいますが、それは考えものです。大切なのは、**親も納得できる主張を子どもがしたときには受け入れる**ということ。当然ながら、自分の意見は通るときも通らないときもあります。そういうなかで子どもは自己主張の大切さを学んでいくのです。

日本人は自己主張が苦手と言われますが、それは当たり前かもしれません。なぜなら「イヤイヤ期」「反抗期」などと言われ、**きちんと自己主張させてもらえなかった人が多い**からです。

なかには、反抗期がないように見える子もいます。親と考えが比較的近い子どもだと、わかりやすい形で衝突が表れないこともあります。ただ、親が子どもの主張をきちんと聞かずに打ち切り、完封していたために、子どもが主張自体をしなくなるケースもあります。ですから、子どもが主張を始めたときは親が即座に打ち切るのではなく、とことん話をしてほしいです。大変かもしれませんが、そういう場面では「今はイヤイヤ期ではなく、自己主張期なんだ」と考えてみましょう。ネーミングが違うだけでも心理的に違うはずです。

子ども目線に立つと「イヤイヤ」が「意見の主張」に見えてくる

Before
ベビーカーはいや歩いてくの!
イヤイヤ期
また「イヤイヤ」が出た途中で絶対疲れるのに…困ったなぁどうやって説得しよう?
こうなるに決まってる!
もう疲れた抱っこして!
After
ベビーカーはいや歩いてくの!
NO
自己主張期
おっ自分の意見を主張しているぞ!成長のしるしだから今日はがんばってみるか
イヤイヤ期ではなく自己主張期。ネーミングをポジティブなものにするだけでも、子どもの行動に対するとらえ方が変わってくる。

12

子どもの主張と正対する

大変だけど徹底討論。子どもの主張と丁寧に向き合うことで子どもは成長していく。

「お菓子売り場あるある」にはこう対処しよう

買い物中にお菓子を欲しがってギャーッと泣きわめく子ども。途方に暮れながら立ち尽くす親。よく見られる、そしてみなさんにも経験のある場面ではないでしょうか。そんなときに親がとる行動はたいてい2つ。1つ目は子どもを小脇に抱えて逃走。2つ目は、無駄な捨て台詞「今日だけ特別だからね！」をつぶやいて買う、です。

この場合、子どもが自己主張をぶつけてきたのですから、本当は親としてはじっくり向き合いたいわけです。ただ、ここは家の中ではなくお店の中。子どもが泣きわめいていたら、まずは周囲に謝ると思いますが、それでも周囲の視線が刺さり、つい逃げたり買ったりしたくなりますよね。そんなときは、少し場所を変えるなどして、**子どもとしっかり向き合って冷静に話せる状況**を作りましょう。

そこからは持久戦です。なぜそんなにお菓子が欲しいのか、子どもと徹底討論していくしかありません。その際には、子どもの主張を聞きつつ、親の主張もきちんと伝えることが大切です。感情的にならずに、粘り強く説明を重ねましょう。そして、もしこちらが納得できる理由を言ってきたら、そのときは買ってあげてよいでしょう。

お菓子をめぐる徹底討論　実践編

こんなケースもあるでしょう。「外でお菓子を買うのは1週間に1個だけ」と決めていたのに、2個目を欲しがっています。そこで親が「この前1つ買ったのに、なぜ2個目を買おうとしているの？」と聞くと、子どもは「この前のはアイスでしょ。お菓子は1週間に1個って言ったけど、この前のはアイスだから。お菓子は1個目だもん」と言ってきました。

さて、ここであなたはどう思うでしょうか？「アイスもお菓子に入るでしょ」と言って買わない選択をしてもよいですし、がんばって理屈を考えたなあ、それなら認めてあげようか、と思えたなら「なるほどね。じゃあ買おうか」と買ってあげてもよいでしょう。ルールは各家庭で決めてよいと思いますが、大切なのは**親が納得できる理由である**ということです。

もし全然らちがあかず、もうお菓子を買うしかないという状況になったときは、変に「勝ち取った！」と子どもに思わせないために、「チョコレートとキャンディ、どっちにする？」と、**選択肢を出して選ばせてもよい**でしょう。または、「海苔買おうか？」「ラーメン食べて帰ろうか」と別のものに気持ちをそらすのも手です。

「屁理屈」か「なるほど！」か
どう感じるかはあなた次第

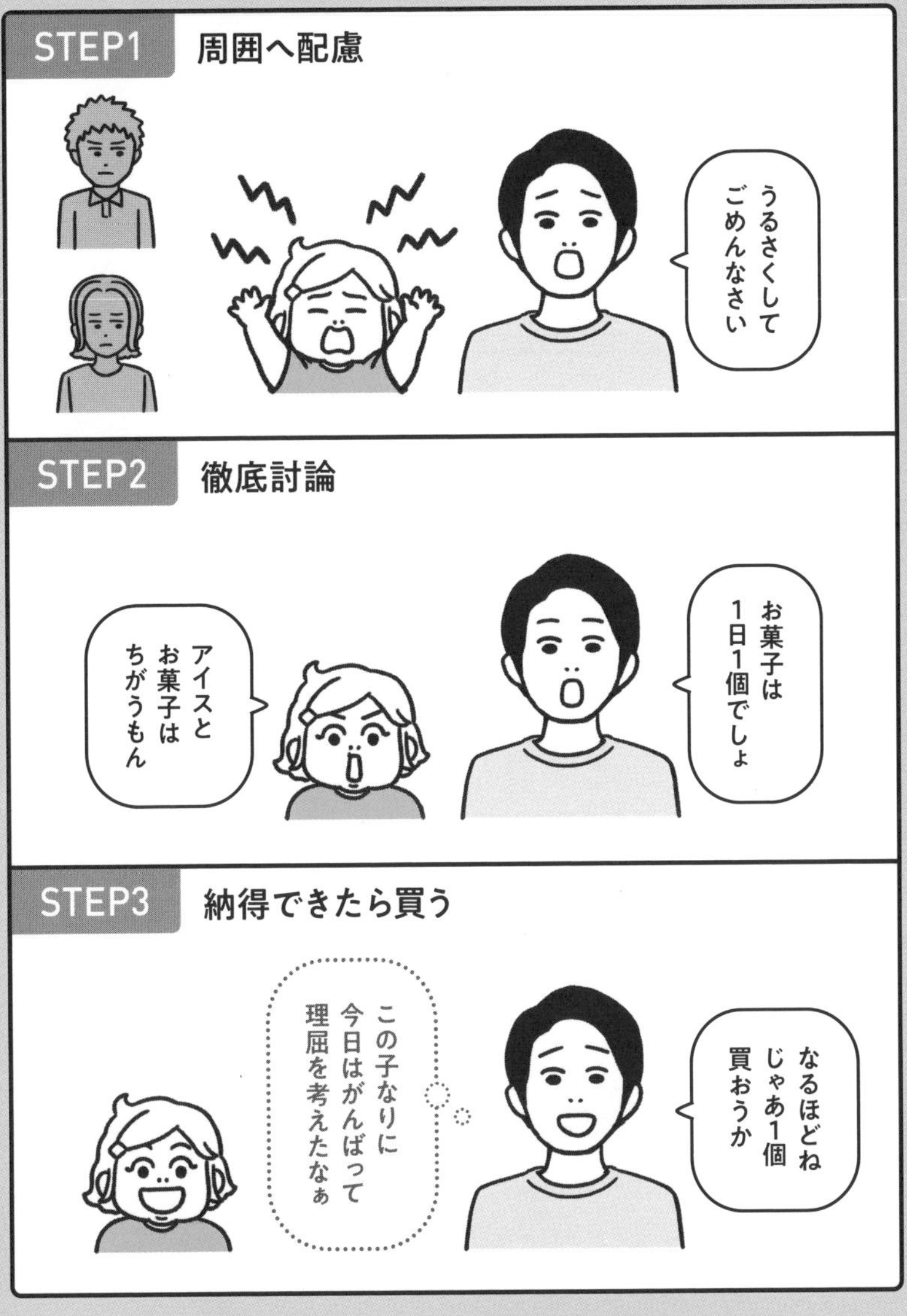
STEP1
周囲へ配慮
うるさくして ごめんなさい
STEP2
徹底討論
お菓子は 1日1個でしょ
アイスと お菓子は ちがうもん
STEP3
納得できたら買う
なるほどね じゃあ1個 買おうか
この子なりに 今日はがんばって 理屈を考えたなぁ

13

ゴールやペナルティを勝手に変えない

宿題やったの？
まだ…めんどくさ～い今日は多いから…
うーん…じゃあ終わったらアイス食べていいよ
ほんと!?
大好きなアイスのためならがんばれちゃう！
終わった～アイス食べよ♪
あっ明日の支度も済ませてからだよ
はぁ～？なんで?!

「ゴール」という飴も、「ペナルティ」というムチも、ルールを破ると効力がなくなる。

明確なルールがあるからこそ人はがんばれる

「満点取ったら焼肉」「徒競走で1位になったらアイス」「8時半までに宿題、夕ご飯、お風呂が全部終わったら、寝る時間までテレビOK」。そんなふうにごほうびを決めているご家庭も多いでしょう。**そう決めていたなら、達成したときには必ずごほうびをあげなければなりません。**

たとえば、「ドリルを2枚やりなさい。終わったらアイスを食べていいよ」と親が言ったところ、予想外に子どもが早く終わらせたとします。そこでつい欲が出て、「そんなに早く終わったならあと1枚がんばろうか」と言ったとしましょう。すると、子どもはどう思うでしょうか？　せっかくがんばって終わらせたのに、アイスがもらえるどころか、もっと課題を増やされたわけで、ゲンナリし、がんばる意味を見いだせなくなるでしょう。

大事なのは、決めていたゴールを達成したら、その時点できちんとごほうびを与えること。これとこれをやったらこうなるぞという明確なルールがあるからこそ、人はがんばれるのです。**努力してそれを達成した人に対して、ゴールを勝手に変えるのはもってのほか。**これは大人だって同じですから、子どもではなおさらです。

もし、もう1枚ドリルをやらせるとしても、ごほうびのあとにするべきです。

「偽りのペナルティ」は禁じ手

ごほうびのルールを明確にする必要があるのと同様、ペナルティのルールも明確にしなければなりません。

やってしまいがちなのが、「片付けしないと夕ご飯抜きだよ」「ドリルをやらないと旅行に連れて行かないよ」といった類のもの。でも、こう言っておいて実際にご飯を抜いたり、旅行に連れて行かなかったりする親はいないですよね。そのほうがはるかに大変ですから。そうなると、これはうわべだけの脅し文句ということになります。

これをくり返していると、子どもの側も「あんなこと言ってるけど、どうせ夕ご飯くれるんだからいいや」「旅行において行かれるなんてことはないだろう」とすっかり見くびるようになります。ですから**ペナルティも、決めた以上はきちんと与えなければなりません**。

言ったとおりに与えなかったとしたら、それは「偽りのペナルティ」だったことになります。この、偽りのペナルティが続くと、**子どもは次第にやる気を失っていきます**。ごほうびの規定が勝手に変わったらやる気を失うのと同じように、罰則規定だって、痛い目を見ることがないとわかってしまったらやる気を失うのです。

ペナルティを設定するなら、必ず実行できるものにしてください。

実行できないなら
ペナルティは課してはならない

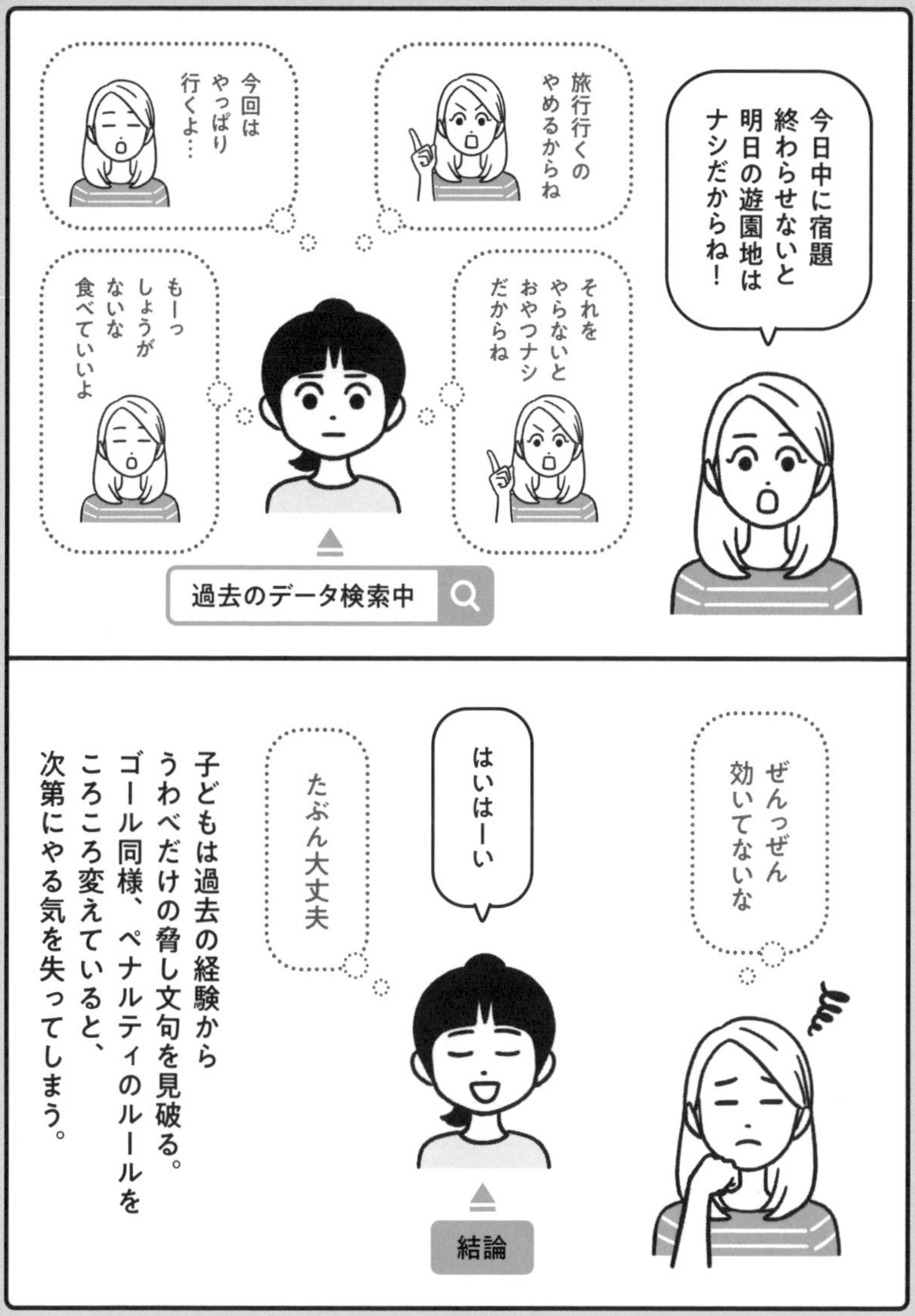

14

「○○しないと××しないよ」をやめる

おもちゃも本も
きちんと片付けないと
もう二度と買わないよ！
えっ
ズシッ
もう二度と買わないよ
ハッ！
言いすぎた…
部屋を
ピカピカにしてから
おやつ食べようよ
そのほうが気持ちいいよ
うん
ホッ

ネガティブよりはポジティブに。脅すのではなく子どもの気持ちをのせるのがポイント。

発破をかけるなら「してするルール」で

前項で「片付けしないと夕ご飯抜きだよ」などの実現できもしないペナルティを設定してはいけないと伝えました。これに関連して、もう一つお伝えしたいことがあります。それは、「○○しないと××しないよ」と言うような否定の「ないないルール」はやめて、「○○して××しようよ」のような誘導の「してするルール」の言い方にしていこう、ということです。

ないないルールには、どうしても**脅しのようなネガティブな印象**がつきまといます。また、こちらは冗談半分のつもりでも、**子どもは真剣に受け取って傷つく**ことがあるかもしれません。それよりも、「片付けして夕ご飯を食べよう」「ドリルをやって旅行に行こう」という言い方にしたほうが楽しそうですよね。こうしたポジティブな言葉のほうが、言う側も言われる側も気分が前向きになるはずです。

ないないルールがすでに口グセになっている場合、発想を変えるのは少し大変です。もし、つい言ってしまったら、その言葉を「してするルール」に変換して言い直すようにしてみてください。「お母さん（お父さん）は、夕ご飯食べたいから片付けようっと」などと言って、子どもの横で自分のものを片付けたりするのもよいかもしれませんね。

15

ごほうびはレベルに合わせて調節する

1年前・長女（小3）
漢字テスト満点のごほうびにアイスね！
やったー！
次も満点とりたいから漢字の練習がんばろ！
現在・長女（小4）
テストのごほうびの条件だけど…「3回連続満点」にレベルアップしない？
あなたにとって満点1回はラクすぎるでしょ
期待してるよ
まーーね！私って漢字得意だし！

モノで釣るのは限界あり。
ある段階からはモノではなく
「期待してるよ感」にシフトを。

ごほうびの効果は長続きしない

ごほうびには子どものやる気を引き出す効果がありますが、その効果はあまり長続きしません。なぜなら、一つの目標を達成できたあとは、自分が簡単に達成できる目標やごほうびにはだんだんと興味を失っていくからです。そういうときは、ごほうびの基準を変えるタイミングです。

たとえば、「学校の漢字テストで満点を取ったらアイス」というごほうびを決めていたとします。子どもは、初めて満点を取ったときは大喜び、ごほうびのアイスにも大喜びでしょう。すると子どもは、また満点を取るべく努力します。その甲斐あり、うれしいことに満点を取る回数も増えてきました。子どもは以前ほど「満点」や「アイス」に夢中になれず、親側もあまり頻繁にアイスをあげるのもなあ、という気持ちになるはずです。

そこで、「1回の満点なんて簡単に取れちゃうよね。あなたのレベルだったら3回連続取れたら、じゃないかなあ」。そう言って**少しずつ目標を上げて**いきます。人間のやる気をモノで引き出すのは限界があります。一定レベル以上になったら、子どものプライドをくすぐって「あなたならこれくらいできるよね」という**〝期待されている感〟自体をごほうびにしていく**ことが有効です。

16

親の都合でごほうびをあげるときは理由を言う

その場しのぎはNG。子どもに納得感を持ってもらうためにきちんと本当のことを話して。

親都合でもごまかさずに話そう

ごほうびは基本的に何かを達成したときにあげるものですが、現実的には親の都合によってごほうびをあげざるを得ない場面もあるでしょう。

たとえば、「テレビは1時間までね」と決めていたとしても、両親とも仕事や何らかのタスクがある場合は、2時間くらい見せてしまうこともあるでしょう。ただ、その場の成り行きでそれを許すのではなく、そういうときはあえて**前日から予告をする**ようにしましょう。「明日は、お母さんは2時からお仕事の会議があって、パソコンでお話をするから、映画を見ていてね」といった具合です。

理由をきちんと言うのは、別の日に「テレビ見ていい?」と聞かれたときに「ダメ」と言える理由がなくなるからです。もし「ダメ」と答えたら「なんで昨日はよかったのに今日はダメなの?」と聞かれるでしょう。そのとき「目が悪くなるから」などと言っても、「昨日は見ても目が悪くならなかったの?」と聞かれ、答えに困ることになりますよね。

何も達成していないときの臨時ごほうびを与えるなら、きちんと理由を言うことで整合性を取りましょう。

17

注意するときは理由を伝え、3分以内で「説教」する

ダメなことダメと伝えるのに感情は不要。ダメな理由をその場で簡潔に説いて教えよう。

「怒る」「叱る」ではなく説いて教える

子どもがきちんと理由を理解していることが大切という意味では、注意をするときにも同じことがいえます。たとえば、子どもがお茶をこぼしたとき、「ダメでしょ」などと怒り、イライラしながら子どもに床を拭かせたところで、子どもはまた同じ過ちをくり返してしまうでしょう。それは、**なぜ怒られたのか、よくわからないまま**だからです。床を拭いたとしても、「ごめんなさい」と口にしたとしても、それは親が怒っていて、とりあえずその被害から逃れたいと思ってやっているにすぎないからです。

だから、注意するときには「こぼすことはなんでダメなのかな?」と言って子どもに考えさせたり、きちんとその理由を説明したりする必要があります。たとえば、「こぼれたら、濡れているから気持ち悪いよね。それに、飲もうとしたお茶がなくなっちゃったから、みんなも困るよね。だから『ごめんなさい』って言わないといけないんだよ」というように、子どもが納得するように説明するのです。

つまり、「怒る」でも「叱る」でもなく「説教する」。**説いて教えることが大切**です。ちなみに、くどくど言ったり、あとから蒸し返したりすると、「イヤだな、ここから逃れたいな」ということに意識が向いてしまうので「3分以内にその場で」を心がけてください。

子どもにも、自分で言ったことはきちんと守らせる

学校から帰ってきた子どもが、テレビを見ていてなかなか宿題をやらない。よくある光景かと思います。だからといって「宿題やりなさい！」と怒鳴るのは避けたいところ。なぜなら、**あまり効果がない**からです。「怒る」や「叱る」で感情的になったところで、相手が思い通り動くわけではありません。

そこで、「なんで宿題やらないの？」と聞いたところ、「このドラマが終わったらやる」と言ったとします。しかしドラマが終わると子どもは「眠い」とごねています。こんなときどうするか。

それはもちろん、何としてもやってもらうしかありません。「**自分でそう決めたんだから、やりなさい**」。強く言ってよい場面です。

ここで「眠いなら仕方ないね」と言って宿題をやらないことを許してしまったら、それは「偽りのペナルティ」（P78）と同じようなものです。子どもは「先延ばしにして、その結果やらなかったとしても許されるんだ」と思ってしまうでしょう。

こちらも言ったことは守る、その代わり子どもにも自分の言ったことは守ってもらう。それが鉄則です。

グチグチ言うだけでは
子どもは改善のしようがない

Before
〜playback〜
NG1
こぼしたことにただ怒っている
もーっ
NG2
理由を説明していない
お母さん怒ってる
ごめんなさい
NG3
母が怒っているのでとりあえず謝っている
After
こぼしたらテーブルや床がビショビショになるよ
飲み物もなくなって困るよね
飲み物を飲むときよそ見しないようにしようね！
そっかあ〜
注意するときのポイントは「その場で言う」こと、「3分以内できりあげる」こと。

18

「だけ」の使い方をマスターする

子どもの要求を「だけ」で絞り込むのはNG。こちらの要求は「だけ」で魅力的に演出を。

子どもの要求に対しては「だけ」を使わない

「〜だけ」という言葉は、使い方によっては子どものやる気をそいでしまいますが、上手に使えば引き出すこともできます。

たとえば、平日の夕方に子どもから「夕ご飯を自分が作りたい」と言われたとしましょう。子どもの気持ちはうれしいけれど、やらせたら時間がかかるし、失敗されると正直困る。そこで「**じゃあ、1品だけね**」と答えました。でも、子どもはなんだか不服そうです。なぜでしょうか？　それは、「1品だけ」という言葉を使ったからです。こう言われると、子どもの心には、やりたいことはほかにもあるのにその一部しかやらせてもらえなかった、という不満が残ってしまうのです。

そんなときは、「**じゃあ、サラダ作ろうか**」と言ってみてはいかがでしょうか。こう言えばほかにもあるかどうかは関係なくなり、「限定された感」もなくなります。子どもの要求を否定も限定もしていないので子どもは満足するし、簡単なサラダ1品に絞ることができるので親にもうれしいというわけです。

こんなふうに子どもからの無理な要求には「だけ」を使わず、こちらが譲れるもの1つをさりげなく提示するとよいでしょう。

食いついてほしいものには「だけ」を使う

逆に「だけ」を使ったほうがいい場面もあります。それは、こちらの提示するものに食いついてほしいときです。わかりやすい例は、「今日だけの限定セール」「先着10名様だけにプレゼント」といったもの。今しかない、早い者勝ち、あと残り〇個、といった**限定に人は弱い**ものです。子どもに対しても、これを使わない手はありません。

たとえば、夕食時に早く席に着いてほしいとき、「早く席に座りなさい！」と言ってもなかなか座ってくれませんが、「先着1名様だけにからあげ1つおまけします！」と言えばあわてて席に着いてくれることでしょう。親が急いで席に着くフリをしてもいいですね。

子どもにお風呂に入ってほしいときには「今だけ！　今来れば水鉄砲ゲームつきでーす」などと言えば、すぐに来てくれることでしょう。また、「お風呂入っちゃおうよ」「先行っちゃうよ」「先行くね～」と親が先に入ってしまうのもある種の限定で、子どもに「入りたい！」と思わせる効果があります。

そうやって、「今行けばお得」「今やればメリットがある」と思える限定をチラつかせ、子どもの気持ちをくすぐっていくのも親の腕の見せどころ。こちらの要求をのんでもらうには「だけ」を使ってみましょう。

子どもの不満はかき立てず やる気だけ引き出す

19

自分事化させる

「自分で言ったのだから」「自分で決めたのだから」というところから本気を引き出す。

自分で決めさせる

「自分事化」とは、その問題を「自分のことだ」と思えるということです。それが自分にとって必要であり、自分の身に直接関係があるという感覚を持てることです。「これをやったらいいことがある」「これをやらなかったら大変なことになる」と実感できること、と言い換えられるかもしれません。子どもが何かをするときに自分事化ができると、本当の意味でそこに関心が向き、本気になることができるのです。

自分事化してもらうには、まず、さまざまな局面において子ども自身に決めさせます。人は**自分で決めたときのほうが得体の知れないパワーが出る**し、**自分で責任も取ろうとするし、どんな結果が出ても納得できる**からです。

たとえば、子どもがアイスを買うと想像してみてください。親から「おすすめ」と言われて買ったものがまずかったらきっと納得しませんよね。でも、自分で「これにする」と言って買ったものがまずかったら、意地でも食べきることでしょう。「自分で言っちゃった以上、食べないと」という気持ちが働くからです。

自分で選択することの意味はここにあり、このように自分を主語にした言葉にすることを「I（アイ）メッセージ」と呼びます。

ですから宿題も、「今すぐやりなさい！」よりは「何時からやるの？」と聞いて答えさせるほうがよいわけです。早くやってほしいなら「5時から、5時半から、6時から、どれにする？」と選ばせてもよいでしょう。自分で決めれば自然と意識も変わるし、どんな結果になったとしても自分のせいだからと思えることで、経験がより身になります。

アウトプットを前提にする

自分事化するうえでもう一つ大切なのは、現実的な場面でのアウトプットを前提にするということです。なかなか進まなかったダイエットが、1か月後に大切な写真を撮ると決まった瞬間、急速に進む。料理上手になりたいと思いつつなかなか上達しなかったのが、恋人が家に来ると決まった瞬間、急激に上達する。そんな経験はないでしょうか？　つまり、**実際に自分がやるのだと自覚して、はじめて人は本気になれる**のです。

子どもにとって勉強があまり面白くないのは、それが必要な場面がなかなか想像できないからです。必要性が感じられないことをただ聞くだけでは、誰にとっても退屈です。だから、子どもに本気になってほしいと思ったら、**必要に迫られる場面を作る**ことが大切なのです。

たとえば、お菓子を買いたいと言われたら「300円渡すから、好きなのを買っていいよ」と買いに行かせてみる。必死に計算することで算数の意義を感じられるでしょう。また、「今度の日曜日、おばあちゃんを呼ぶからお料理を用意しなくちゃ。あなたは野菜の煮物係ね」と言ってみる。人に食べてもらうならおいしく作りたいと考えるでしょうし、実際に料理することで家庭科の意義を感じられるでしょう。

そんなふうに何かイベントを作るのも、自分事化してもらうのに有効です。

「お金の自分事化」プチビジネスはお金の勉強に最適

子どもにリアルなお金の勉強をさせようと思ったら、子ども自身にプチビジネスをさせるのもおすすめです。つまり、お金の問題を自分事化させるのです。

3年生のある女の子の話です。お年玉で1万円もらったと言うので、ボクはあることを提案しました。その子のご両親は二人ともお酒が大好きだったので、「家でバーをやりなよ」と勧めたのです。

「お酒と炭酸水を買ってきて、お酒を炭酸水で薄める。それに氷を入れて、そうだなあ、400円くらいで売ったらどうだ？　でも実際は1万円ぐらい取れるかもしれないぞ」とボクが言うと、すぐに彼女はそのとおりに店を始め、ご両親に売り始めました。娘がお酒を注いでくれるとあってお父さんもお母さんも大喜び。ずいぶん儲かったそうです。

やがて、彼女はおつまみも買ってきて出すようになりました。ところが、仕入れからやっていたので、買ったら高くつくと自分で気づきました。そこで今度は、お金を節約するために、おつまみも作るようになりました。今ではもろきゅうなどを出すようになり、ご両親はこれまた大喜びだったようです。

「ぬまっちはどんなおつまみが好き?」と相談も受けるようになったので、「肉系もほしいな。酔っ払ってきたら、野菜スティックだけでもいいかも」と答えると「最近、野菜が高いんだよね」という回答も。**物価の変動についても気づくようになった**のです。このように、自分がリアルに携わる経験をすれば自然といろんなことを考えたり、学んだりするようになるのです。

お店でなくても、何でもよいのです。たとえば、「1週間、平日5日間分でよいので、家族の朝ご飯を5000円でよろしくね。余ったお金はお小遣いにしていいよ」と言って、買い出しから調理まで、すべて子どもに任せてみるなどもよいでしょう。市場の変化などにも気づくでしょうし、賢く買うにはどうしたらよいかと考えるようになるはずです。

子どもが思わず本気になるシチュエーションを作ろう

Before
算数の宿題めんどくさーい
こんな計算とかいつ役に立つの？
解き方をちゃんと覚えないとテストで良い点とれないよ
After
スーパーにて
オレンジジュースお得なほうを買っていいよ選んで！
ちなみにこれ算数の問題～
えーっとえーっと
1.5L
1L
210円
150円
生活のなかで意識的に「必要に迫られる場面」を作り、自分事化してもらう。

20

命令ではなく意見を言う

「命令」でうまくいくのはその場だけ。次につなげるには「意見」を言うだけに留めて。

自分のジャッジで行ったことは身につく

できるだけ自分で考え、決めてもらうためには「命令」や「指示」は避けたいものです。たとえば、子どもがカレーを作ろうとしていたとします。ところが、火にかけた鍋に具材だけを入れ、水を入れておらず、今にも焦げつきそうです。そんなときは「水入れて!」と言ってしまう方が多いのではないでしょうか? でも、そこはグッと我慢。「あれ、どうするのかな?」「これだと少し心配かな」など、言うなら意見に留めます。

なぜかといえば、ここで「水を入れて」と命令したら、子どもにとっては水を入れた時点でミッションクリア。そこで達成感を得てしまうため、なぜ水を入れなければならないかを**自分で考えるチャンスがなくなってしまう**のです。そうなれば、次もまた同じ過ちをくり返すでしょう。人は、誰かにやらされたのではなく、自分のジャッジでやったことは覚えているものです。

ですから、こういう場面でも、命令ではなく意見を言うことを意識してみてください。意見を伝え、そのうえで自分の考えとは異なる選択を子どもがしたなら、そのときはそのとき。潔くそれに従うまでです。その結果、具材が焦げるなど望ましくない事態が起こったとしても確実に学びになります。得るものも大きいので、そう覚悟を決めましょう。

21

子に役割を与えたら、親は引退する

コラーッ 靴を揃えなさい！
ダダッ
♪
ササッ
もーまた散らかして！ 自分で片付けてよ
はーい
おもちゃ
ササッ
ササッ
服ぬぎっぱなしにしないで！ 自分で洗濯かごに入れてよ
ササッ
はーい
どうせお母さんがやってくれるもん～

「自分でやるほうが早い」は禁物。親がやっているうちは子どもはやらないと考えよう。

子どもがやらないのは、自分がやりすぎたせい？

「子どもがなかなか片付けをしないんです」「少しもお手伝いをしてくれません」というのも、子育てのお悩みでよく聞きます。子どもが何もしないとしたら、まず、親であるあなたが何でもやりすぎていないか、ちょっと振り返ってみてください。自分でやったほうが早いからと、「片付けなきゃダメでしょ」と言いながら自分で片付けてしまっていた、というのもよくあるパターンです。

では、どうしたらやらせられるのかといえば、**まずはあなたがやめること**です。ずっと片付かないとしても、子ども自身の部屋でほかの人に迷惑がかからないのであれば放置。ごちゃごちゃしてきて使いづらいと自分が感じれば、片付けるようになるでしょう。

リビングなどでみんなが困る場所なら、まずは「大事なものなら片付けて、要らないものなら捨ててくれる？」と促してみます。それでも放置されていたら「放ってあるってことは要らないんだね。じゃあ捨てるよ」。それでもまだ片付けなかったら**本当に捨てるしかありません**。ここで捨てなければ「偽りのペナルティ」（P78）になってしまいますから、捨てることになっても仕方ないと思えるものにしか、言わないほうが無難です。いざ捨てられて本当に子どもが困ったなら、自分のお小遣いで買わせるのもアリでしょう。

子どもは頼られ、任せられてこそ伸びる

これまでにも書いてきたとおり、子どもは大人が思っているよりはるかにいろんなことができます。だから、料理でも掃除でも何でも、子どもがやりたいと言えばもちろん、言わなくてもどんどんやらせてみてください。

たとえば、子どもが作ってくれた卵焼きがすごくおいしかったとしたら、「めちゃめちゃおいしい！」「ありがとう！」と大喜びしましょう。そして、子どもを「卵焼き大臣」に任命し、親は卵焼き作りからは引退してしまうのです。「あなたの作る卵焼き、お母さん（お父さん）のよりおいしいもん」と言って子どもに任せます。これは何よりの賛辞であると同時に、**子どもの大きな自信と成長につながる**でしょう。

子どもが喜んでしょっちゅう卵焼きを作ってくれるようになったら、「そろそろ新バージョンの卵焼きが食べたいなあ」などと言って、子どものチャレンジ精神をくすぐるのもよいですし、ときには「おいしい卵焼きの研究に行こうか」と、プロの卵焼き料理を一緒に食べに行くのもよいでしょう。そんなふうにして、どんどん子どもに役割を与えていくと親も楽になるし、子どもも成長するしで、一石二鳥です。

「頼る」「任せる」姿勢が
子どもの成長を促す

22

面白さを演出する

えー突然ですが
今からゲームをします
5分以内に
この部屋が片付いたら
おやつパーティー開催!
さぁスタート!
パーティー?!
わーっ
数分後
クリアしたっ!
お母さーん
ピカピカだよ
さぁ
パーティーの
準備しよう♪
じつは普通に
おやつの時間なんだけどね
わーい
わーい

「面白い!」ナシに子どもを動かすのは難しい。いかに面白く見せるか知恵を絞ろう。

子どもはいつまでも2〜3歳!?

大人が仕事をする理由は、「面白いから」「やりがいがあるから」もあるかもしれませんが、大きな理由は「お金がもらえるから」ではないでしょうか。何かのタスクをする際、大人には「生活のため」という大きな動機があります。対して、子どもには「生活のため」という動機は基本的にはなく、テストの満点やお手伝いでお小遣いがもらえることはあっても、勉強やお手伝いで大金を稼ぐことはできません。つまり、**動機のほとんどは「面白いから」や「やっていて楽しいから」で占められている**ことになります。

ということは、その部分をくすぐっていけば、子どものやる気に火がつけられるのです。

2歳や3歳の子が面白さでしか動けないということは想像しやすいと思いますが、小学生以上になっても基本は同じ。この側面においては、「彼らは2〜3歳なんだ」といったん考えてみてください。これは決して子どもをバカにしているわけではなく、**面白さを演出する必要性を親が忘れないようにする**工夫です。

勉強は「勉強」と言った時点でもう面白くないし、練習は「練習」と言った時点でもう楽しくありません。ということは、勉強は勉強と思わせずに、練習は練習と思わせずにやらせればよいのです。

「形」から入ってやる気を引き出す

子どもをやる気にさせるにはネーミングやアイテムといった「形」も大事です。

たとえば、子どもがお風呂掃除に興味を持っていそうなら「お風呂大臣」とか「〇〇お掃除プロ」などと命名して、どんどんやってもらいましょう。ホームセンターなどに行って2000円くらい渡し、お掃除グッズから**子どもに選ばせるのもおすすめ**です。マイブラシやマイスポンジがあれば気分も盛り上がるというもの。余裕があれば、シールなどでロゴを作り、グッズにつけてあげるとさらにやる気が高まるはずです。

ボクの友人の、あるお母さんも、これをやってみたところ効果てきめんで、1年生のお子さんが大喜びで毎日お風呂掃除をしてくれるのだと喜んでいました。

そして、こういうときに大事なのは、顧客（親）の喜びの声です。きれいにしてくれたあとは**「すごくきれい！　やっぱりプロは違うなあ」という感激の声も忘れずにかけておきましょう**。「おかげでなんか時間できちゃったから、アイス食べる？」なんて言えば子どもも大喜び。次回からもきっと掃除をしてくれるでしょう。

“本物”“大人と同じ”で気分を盛り上げる

子どもは称号や、形から入ることがとにかく大好きです。子どものやる気を引き出すうえで、それを使わない手はないと思います。

学校では、体育の時間にバスケットボールをしたとき、チームごとに旗を作り、ワールドカップのテーマソングを流して入場からやったことがありました。みんな大盛り上がりでしたが、これをやると時間がかかるので、そのぶん1試合減ってしまうと子どもたちは気づきました。そこで、授業が始まる前にすべての準備を終え、ボクが体育館に入るときには全員入口のところに並んでいるようになりました。「授業の準備は早めにやっておくように」と言うよりもはるかに効果がありました。

このように面白さを演出すれば、自然と心も体も動きます。**子どもは“大人と同じ”や“本物”が大好きです**。お手伝いや習い事、勉強などでも、ぜひ道具やBGMやユニフォームなど、細部にこだわって演出してみてください。

子どもに対して面白さを演出するには、親の面白がり力をつけることも大切です。まじめな人ほど苦労するかもしれませんが、難しいなと思ったらまずは、子どもをどう動かすかよりも、自分自身が楽しむにはどうすればいいか、考えてみてください。

マイナスも逆手にとって、意地でも楽しむ

楽しくないことほど、面白さを演出するための工夫が大切です。

コロナ禍の際、学校の給食は「黙食」ということで、誰もが黙ったまま食事をするというルールになりました。子どもたちにとってはつらい給食期間だったのではないかと思います。そこで思いついたのが、みんなで恵方巻きを食べることでした。

恵方巻きは福を巻き込んだお寿司で、途中でしゃべると福が逃げてしまうという言い伝えがあります。つまり、恵方巻きにすることで、**コロナに黙らされているのではなく、幸せをつかむためにあえて黙って食べる**のだと、意味づけを変えたわけです。やるからには本格的にやろうと、その日その日の吉方位も調べました。「東だ！」となれば全員後ろを向き、西なら前、南なら窓のほうを向いて食べるわけです。廊下を通るほかのクラスの先生方は、ボクたちが毎回全員同じ方向を、しかも日によって異なる方向をじっと見つめながら食べている様子を不思議そうに眺めていました。

こんなふうに、逆境や大変な状況も、工夫次第でいくらでも面白くすることができると思います。つまりは発想次第。つまらないことほど面白く。あなたのなかの正解を取り払い、「何でも面白がってやる！」の精神でいきましょう。

つまらない「お手伝い」は
称号とアイテムで楽しく加工する

23

「ワンダックオペレーション」で1つずつやる

手洗ってうがいして！帽子と靴下も脱ぎなさいよ～
ただいまー
はーい
キャッキャッ
おーい 言ったことちゃんとできた？
靴下脱いだだけじゃん… 手洗いは？ うがいは？
あっ…
忘れてた…

人は一度に言われるとわからなくなるもの。面倒でも一つずつ伝えてやらせて確認を。

「1指示、1動作、1確認」が基本

子どもは複数のことを一度に言われてもできません。だから、子どもを動かすときは「1指示、1動作、1確認」が基本。こちらが1つ指示を出したら、子どもが1つ動作をし、それを1つ確認して進めていくのです。「1-Direction、1-Action、1-Confirmation」なので、頭文字を取り「1DAC（ワンダック）オペレーション」とボクは呼んでいます。学校でも「筆箱出して、鉛筆出して、45ページを開いて」など**一気に複数の指示を出すと、どれかを忘れてしまう**子が大勢います。だから一つ一つ確認しながら進めるのです。

複数のことを一度に言われたらわからなくなってしまうのは、じつは大人も同じです。これを踏まえてワンダックオペレーションで作られているのがお料理番組です。作り方を一つ一つ確認しながら丁寧に見せていますよね。大人ですらそうなのですから、子どもはなおのこと、一つずつ進めていかなければわからないのです。

ですから家庭でも、帰宅時に「手を洗ってうがいしたら、保育園で使ったコップを出してね」などとまとめて言うのはNG。「まずは手を洗おうね」「次はうがいしよう」「そしたら、コップ出してくれる？」と一つずつ。**一つ終えるごとに「オッケー」と承認していく**ことも忘れずに。手間かもしれませんが、このほうが結果的には早いはずです。

ロングスパンのタスクでは先行きをまず見せる

子ども、特に未就学児は、大人のように先の見通しを立てることができません。それでも、人というのは全体像が見えたほうがストレスが少ないものです。これは、文章を例にとるとわかりやすいと思います。たとえば「ポイントは3つです。1つめは……」という文章で、最初の「ポイントは3つです」がないとしたら？　いくつポイントが続くのかわからず、非常に読みづらいですよね。だから、完了までちょっと長くかかる動作を行うときには、**子どもにも一度ゴールまで全部見せる**ことが大切なのです。

このときも今やることは1つに絞ります。夕方から寝るまでにやることを伝えるなら「まずお風呂に入って、ご飯を食べて、歯磨きするよ。3つだね」と話し、「よし！　じゃあ、まずはお風呂入ろう」と今やることを明示します。くれぐれも「そのあとご飯食べて、歯磨きだよー」などと言わないでくださいね。1つに絞って、子どもの意識を「今やること」だけに集中させるようにしてください。

ワンダックオペレーションが子どもに有効な理由は、もう一つあります。何か終えて「オッケー！」をもらえるとしたら、1つずつ小分けにしたほうが「オッケー！」の数が増えますよね。つまり、**子どものモチベーションアップにも有効**なのです。

全体像を見せつつ
目の前のタスクは1つに絞る

24

子どもが自然と動いてしまう「システム」を作る

意志の力だけで何かをやらせるのはそもそも無理。無理なくできるよう周りを整えて。

ハードルを取り除く

人は何かやろうと決めていても、ちょっとハードルがあるとできなくなってしまうものです。だから、毎朝ランニングする人は、ランニングウェアを枕元に置いておくのだそうです。何かをやろうと思ったら意志の力だけに頼るのは無理で、このように身の回りのシステムを変えていくことが大切なのです。**システムとは、それを難なくこなせるようにするための「環境」や「型」**だと考えてください。

たとえば辞書を引くとき、遠くから持ってきたり、辞書が入っている箱から取り出したりするのは面倒ですよね。だから、まず箱を捨て、子どものそばに辞書を置く。これが辞書学習の習慣化に必要なシステムです。目的の邪魔になるハードルを除くのです。

学校からの帰宅後、子どもがすぐに宿題に取りかかれないのは、ついソファに座ってグダグダしてしまうから。つまり、ソファがハードルですが、これを捨てるのは難しい。それならば、子どもには「ソファは魔物だから、帰ってきたらソファに『お前に座るとしばらく動けなくなるから、今日は座ってやらない』と言おう。全部終わって好きなことができるようになったら『お待たせ』って言って座ろう」と言ってみましょう。このように、**ハードルをうまくかわせるような「型」を作る**のも、システム化の一つの方法です。

片付けが苦手な子には

ボクは大人になった今でも片付けが苦手なので、苦手な子の気持ちがよくわかりますが、この場合もシステム化が役に立ちます。

苦手な子に片付けをさせるには、単純に**通常よりも広いスペースを用意すればよい**のです。通常の1・5倍くらいのスペースで、ランドセルなど所定のものが、簡単な所作でポンと入るくらいの広さです。整理整頓の達人たちは、狭いスペースにいかに物を敷き詰めるかというテクニックを披露していたりしますが、あれは片付けが苦手な人にはかなり難易度の高い話です。

広いスペースを用意するのが難しい場合は、物を減らすしかありません。子どもと相談しながら要らないものを捨て、まずはスペースにゆとりを作りましょう。

あとは**動線も大切**です。帰宅して、ランドセルなどをしまう棚までが遠ければ、きっと床に放置されてしまいます。つまり、一番よいのは玄関に棚を設置してしまうこと。それは見た目にイヤだ、現実的に無理だということであれば、子どもがストレスなくしまえ、親もストレスにならないラインを探ります。子どもを動かすなら、少しでも彼らのストレスを減らせるシステムを作りましょう。

できないときは
何がハードルか見極めて取り除く

25

音楽で気持ちを切り替えさせる

「音楽が終わるまで」で制限

時間が明確になり、タスクも

ミッションのように楽しめる。

音楽をかけると行動がすばやくなる

子どもにとって気持ちの切り替えは難しいものですが、そんなときは音楽を使うと非常に便利です。ボクも学校では、体育の準備体操や、掃除の時間、着替えの時間などに音楽を利用しています。着替えに時間がかかりがちな1年生でも、「この曲が終わるまでに着替え終わるんだよ」と言うとテキパキ着替えてくれます。保護者の方が同じ曲を家でかけたところ、家でも効果を発揮したと喜ばれました。

曲を使うことのメリットは、時間が決まっているので、**時計が読めない幼い子でも「いつまでに」がはっきりわかる**こと。「もう2番だから半分まで来たな」などとわかるため、時間感覚を養うのにも最適です。片付けや着替え、外出の支度など、子どもにとってつまらないことでも、音楽をかけると「これが終わるまでにやらないと!」というミッションのようになるので、**ワクワク感が出てのってくれやすくなる**という面もあります。また、音楽に合わせることで自然と行動が機敏になるというメリットもあります。

テレビも、朝の番組やコーナーは、短いスパンで毎日同じ時刻に切り替わるようになっています。そのため「このコーナーが始まったら玄関に移動」など、テレビを行動の目安に使うのも一つの方法です。

26

平常時に話しておく

明日は「あいさつ当番」で 30分早く登校するの
間に合うか ちょっと心配…
じゃあ…
今のうちに 明日の朝のスケジュールを 決めておこうよ
7時に家を出る ためには…？
えーと ご飯に15分ぐらい 着替えに…
次の朝
よしっ あわてずに 準備できたね
いってらっしゃい
うん！ いって きまーす

忙しいときに何かするのは無理。時間があるときにきちんと準備しておくことが大切。

訓練しておかないと火事場で対応できない

忙しいときは親も余裕がないため「ああしなさい、こうしなさい」とその場で指示をしてしまいがちです。でも、忙しいときの指示はいわば火事場の指示。もし普段から避難訓練をしていなかったら、火事のときにいきなりやろうとしてもできませんよね。だから、もし忙しい朝にスムーズに家を出られるようにしたいなら、あらかじめ「着替えとトイレに5分、ご飯に15分……」とかかる時間を確認したり、決まった音楽や番組のところで何をするか決めたりと、**平常時に準備、つまり避難訓練をしておく**必要があるのです。

これはリスクマネジメントであり、幼稚園や保育園、学校での様子などでも、何かトラブルの芽を察知したら、**大事になる前に、その時点ですぐに手を打っておく**ほうがよいでしょう。たとえば、子どもが保育園などで友だちをたたいた、と聞いたりしたら、早めに夫婦で情報共有し、子どもにも「聞いたよ。お友だちをたたいたんでしょ? たたくのはダメだよ」ときちんと話しておくのです。

まだ大丈夫かな、と様子を見ているうちにもっと大変な事態に発展してしまうかもしれません。ですから、どんなことでも平常時、または問題が小さなうちから対処しておくことが大切なのです。

27

「今、伸びそうだな」というところに集中砲火する

人は好きなこと、興味があることから伸びるもの。何に気持ちが向いているのか観察を。

子どもの気持ちがどこに向いているのか観察する

子どもにはグッと伸びる瞬間があります。どんなところが伸びるか、いつ伸びるかは千差万別で、それを見極めるうえで**一番大切なのはやはり観察**です。今、この子は何に興味があり、何に気持ちが向いているのかをじっくり観察し、そこに対してグッと照準を絞るとやる気の芽や能力が伸びていくことが多いのです。

たとえば、その子が昆虫に興味を持っていたら、しれっと昆虫の話題を出してみる。子どもが夢中になると、その分野においては大人よりかなり詳しくなることもしばしばです。そんなときは「そうなの？　知らなかった！」なんて言えば**子どもは嬉しくなって自信もつき、探究心も深まる**ことでしょう。ときには、知っていたとしても「知らなかったよ。さすが詳しいね！」と言って、子どものプライドをくすぐってあげてもよいですね。

習い事などでも、何か突出して夢中になるものが出てきたら、しばらくはその一つに絞ってもよいかもしれません。たとえば、ピアノと水泳をやっていて、今はピアノに気持ちが乗っているなと思ったら、ピアノに集中砲火して、水泳を休ませてもよいでしょう。子どもがやる気になっているものをやるほうが、力が伸びることが多いですし、一つ特技を認められるとほかのものまで伸びてくる、というのもよくある話です。

一点突破するとほかのこともできるようになる

穴を掘るときのことを考えてみてください。ある一点を掘ろうと思ったらそこだけを深く掘るのは困難で、その周囲もある程度掘っていく必要がありますよね。つまり、一つのことを極めようとすると、それに付随してほかのことも一緒に極められていきます。

アスリートが、自分のスポーツのことだけでなく、栄養学や生理学などにも詳しくなっていくのはよくある話です。同様に、カブトムシが大好きな子はどんな場所にいるか調べ出し、木の種類に詳しくなったり、〇〇県の××山にたくさんいると知ったりして、日本の地理にも詳しくなっていきます。何かを極めようとしたら、その周辺やその先にまで興味関心は広がっていくものなのです。

だから、子どもたちには、一つでいいので「自分はコレは誰にも負けない」というものを見つけてほしいなと常々思っています。作文が得意な子もいれば、走るのが得意な子もいます。「鉄道に一番詳しい」「給食おかわり王」だってナンバーワンです。何か一つあると、それがその子の**自信やアイデンティティになり、何かを追求する力になる**のです。

ですから、子どもの「今、ここが伸びそう」を見つけたら、ぜひその世界を極める楽しさを味わわせてあげてください。

子どもの「興味の芽」を見つけたら それを大事に育てよう

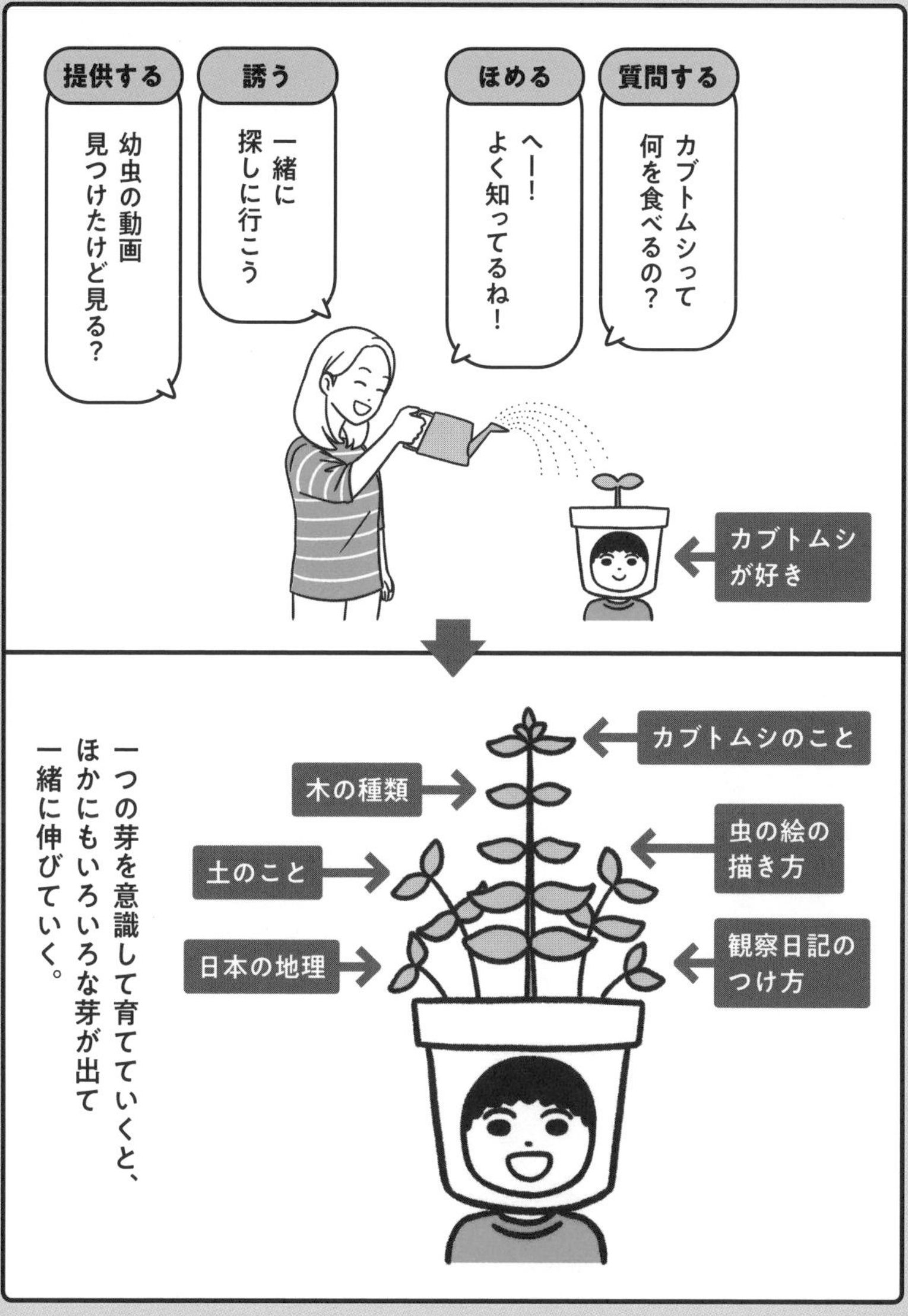
質問する
カブトムシって何を食べるの？
ほめる
へー！ よく知ってるね！
誘う
一緒に探しに行こう
提供する
幼虫の動画見つけたけど見る？
カブトムシが好き
カブトムシのこと
木の種類
虫の絵の描き方
土のこと
観察日記のつけ方
日本の地理
一つの芽を意識して育てていくと、ほかにもいろいろな芽が出て一緒に伸びていく。

28

ほかの子と比べず、自分のいいところに目を向かせる

いいところは人それぞれ。子ども自身のいいところを見つけ、気づかせてあげよう。

友だちや兄弟姉妹の間で優劣をつけない

「〇〇くんはまたリレーの選手に選ばれたんだ」――そう子どもが言ってきたとします。そんな話を聞くと、つい「うちの子ももうちょっとがんばってくれたらなあ」と思うかもしれません。でも、決して子どもに「〇〇くんはすごいね。あなたももっとがんばれないの？」などと言ってはいけません。親はついそんなことを言いがちですが、子どもは深く傷つくだけ。友だちや兄弟姉妹と**比べて優劣をつけるのはNG**です。

こういう場面で、もし子ども自身が「自分は足が遅い」と落ち込んでいるようなら「あなたも速くなりたいの？」と聞いてみるとよいでしょう。「うん」と言えば、「じゃあ、どうやったら速くなるか一緒に考えようか」とサポートしてあげるのです。

足が速くなりたいわけではないものの落ち込んでいる、という様子なら、「〇〇くんのすごいところは〝足が速い〟だよね。あなたは何かな？」と聞いてみましょう。もし「漢字が得意」と言ったら、「よし、じゃあその力にもっと磨きをかけよう」と励まし、応援する。子どもが「何もない」と言ったら、「あなたは絵が上手だよね」「面白いことを言うセンスがあるよね」など、**親が気づいているいいところを伝えてあげてください**。こうした場面でも、決して子どもを否定せず、いいところに目を向かせていきましょう。

子どもに自分の「取扱説明書」を書かせてみる

子どもの得意なことを見つけるには、子ども自身に自分の得意なことを聞いてみるのも有効です。ただし、「あなたの得意なことって何なの?」のような問い詰める口調は避けてくださいね。「お母さん（お父さんは）はあなたのここがすごいと思っているけど、自分ではどこがすごいと思う?」といった聞き方もよいかもしれません。

小学校高学年くらいであれば、子どもに自分の「取扱説明書」を書かせるのもおすすめです。自分はこんな製品でこんなことができます、ということに加え、「故障かなと思ったら」などの項目も書いてもらいます。子どもが客観的に自分のことを見て「これだけは無理」「こんなときはこういうふうに扱ってほしい」と思う点を整理する機会になりますし、親がそれを把握できるという利点もあります。

また、**子ども本人が短所として書いたことでも、親から見ると長所**だということもあります。そんなときはぜひ、それは長所だと伝えてあげてください。日頃できないような会話やコミュニケーションをたくさん楽しんでほしいなと思います。そうやって子どもの本来の姿やよいところを親子で確認し合うこと、楽しい会話を交わすことこそが、取扱説明書を書くことの目的なのです。

「取扱説明書」を
コミュニケーションのきっかけにする

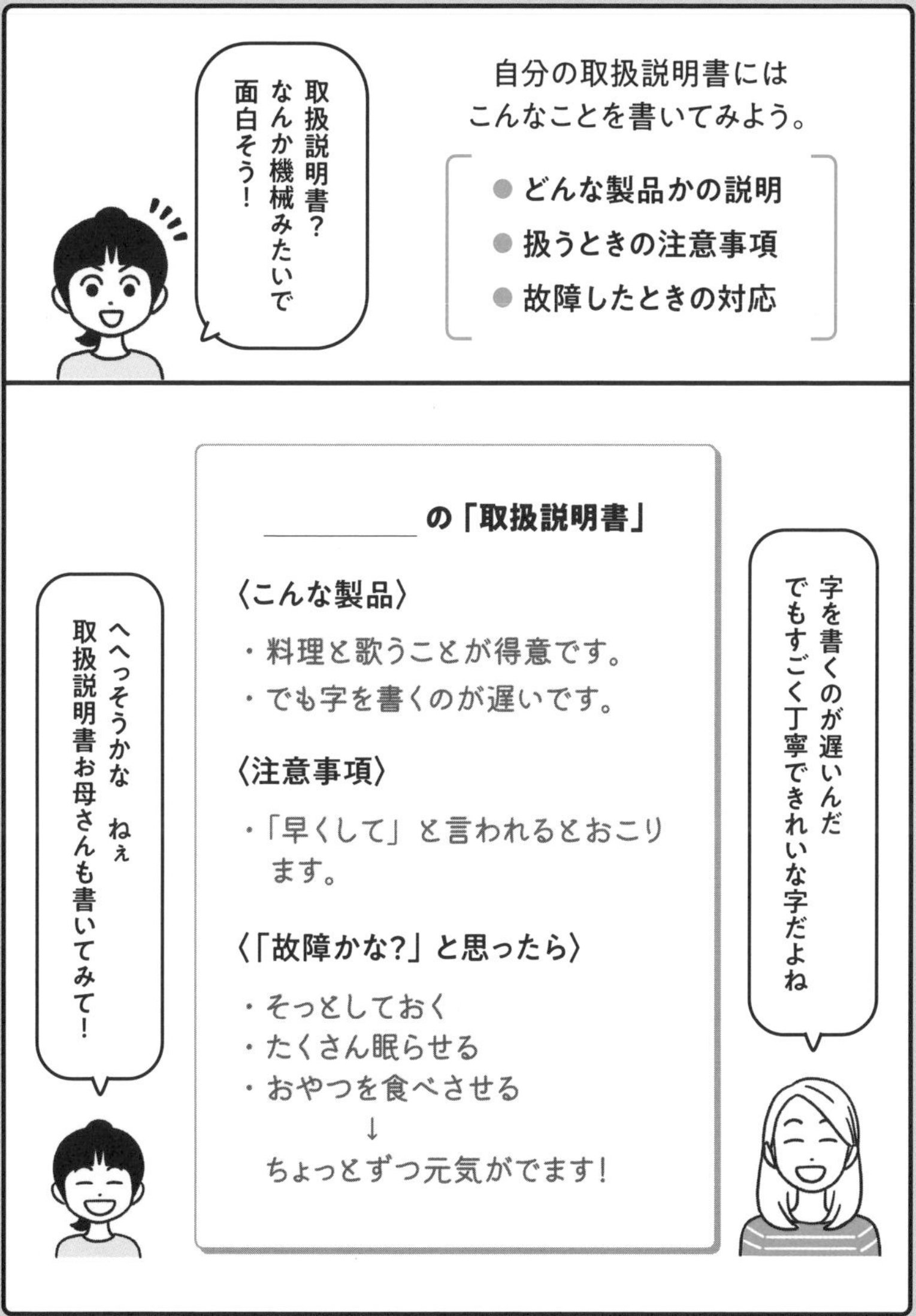
自分の取扱説明書には
こんなことを書いてみよう。
● どんな製品かの説明
● 扱うときの注意事項
● 故障したときの対応
取扱説明書？ なんか機械みたいで 面白そう！
＿＿＿＿＿の「取扱説明書」
〈こんな製品〉
・料理と歌うことが得意です。
・でも字を書くのが遅いです。
〈注意事項〉
・「早くして」と言われるとおこります。
〈「故障かな?」と思ったら〉
・そっとしておく
・たくさん眠らせる
・おやつを食べさせる
↓
ちょっとずつ元気がでます！
字を書くのが遅いんだ でもすごく丁寧できれいな字だよね
へへっそうかな　ねぇ 取扱説明書お母さんも書いてみて！

29

ぼやーっと我が子を眺めてみる

「この子の得意なものは何？」と必死に探そうとせず、一歩下がって見てみよう。

親の思い込みを捨てると見えてくるものがある

「うちの子は何にも興味がないんです」「うちの子、何をやらせても長続きしなくて」。親御さんからそんな声を聞くこともありますが、そういう場合、原因はたいていシンプルです。**親が「ここだろう」と思っているところに、子どものやる気のスイッチがない**というだけです。親は習い事でも何でも、自分がやってきたものや、こんなことをやってほしいなと考えたものをやらせがちです。でも、子どもは親とは別の人間ですから、興味も得意なことも違っていて当然。親の価値観や願望だけで子どもを見てしまうと、その影響で、真の子どもの興味関心は見えてこないかもしれません。

子どもの気持ちが向いているものや、好きなもの、得意なものを見つけるには、探そう探そうと思って必死に見つめるのではなく、子どものことを一歩離れてぼやーっと眺めてみてください。無の境地で大局を見られれば、きっと思いもよらなかったその子のよいところや得意なことが見えてくるはずです。

祖父母は親よりも子どもと距離があるので、親が気づけなかった子どものよいところを見つけてくれたりもします。自分ではなかなか見つけられないなと思ったら、祖父母や先生など、子どもと少し距離のある大人に聞いてみるのもよいでしょう。

30

「ここまでがんばった！」を可視化する

努力や成功体験はどんどん目に見える形にし、子どもにも実感させるのがポイント。

子どもの努力を目に見える形にし、価値づけする

大人もそうだと思いますが、やる気を伸ばし、モチベーションを維持するには、やったことの成果を可視化することが大切です。

スポーツのように勝敗が決まるものや、テストの点数のように数値化されるものの場合、勝ったり満点を取ったりしないと、子どものやる気がなくなってしまうと思いがちですが、そんなことはありません。

もちろん、勝てば自信につながるなど更なる果実を得られるわけですが、そうでなくても、**「自分はここまでがんばった！」と実感する経験ができれば、やる気は伸ばせる**のです。

ボクが以前取り組んでいた辞書学習では、調べた言葉をノートに書いてもらっていましたが、ノートが複数冊になると背の部分をくっつけて背表紙を作り、そこに名前を書くようにしていました。つまり、やればやるほど背表紙が太くなる。こうしてやったことを「可視化」し、「価値づけ」することでやる気を伸ばせるのです。

家庭でもたとえば、こんな例が考えられます。

・朝、時間どおりに起きられた日はカレンダーにシールを貼り、1年間でどれだけ貯まったか見てみる。

・授業で使ったノートやプリントを捨てずに段ボールに貯めておき、「こんなにやったんだ」と目で見てわかるようにする。

「勝利」「満点」などに結びついていなくても「努力」できたら立派な成果です。ぜひ、それらを可視化していきましょう。

ときには「神の手」を使っても

こちらの手の内でできるちょっとしたおまけを、ボクは「神の手」と呼んでいます。これは、できなかったことをできたことにしてしまうもので、いわば反則技です。ボクがよくやるのは運動会の前と後の50メートル走のタイム測定。運動会後のタイム測定では全員、ゴール時に早めにストップウォッチを押してしまうのです。

ボクのこの行為は、いいか悪いかと問われれば悪いことかもしれません。でも彼らは陸上選手ではないし、これは公式記録でもありません。それなら、いっぱい走ったら足が速くなった、努力したらいいことがあった、という経験が残るほうがよいと思うのです。

家庭でも「神の手」が使えるシーンはあります。

たとえば、子どもが言ったことに対し、本当は知っているのに知らないフリをして「何

それ何それ、教えて！」と言って子どもに説明させる。これはアウトプットの練習にもなるでしょう。ほかにも

・百人一首やカルタでわざと負ける。
・バドミントンなどであえて空振りし、「今の打ち方すごかったなあ」と言ってみる。
・側転の練習をがんばっていたら、実際はさほど変化が見られなくても「回転の仕方がきれいになったね！」と言ってみる。

子どもが本気で努力し、その努力の楽しさを感じてもらう限りにおいては、こうした神の手は使ってもよいと思うのです。

子どものやる気の「火加減」をよく見る

「神の手」とは、子どもに成功体験をさせるための裏技なので、乱発は禁物です。でも、特に発動させたほうがよいときがあります。**それは、子どものやる気はすごくあるのに、なかなか成果が出ないとき**です。

たとえば、やる気のすごくある子を強火、そこまでもない子を弱火とします。やる気があっても成果が出ないときとは、肉が強火でガンガン焼かれ、そろそろ食べたいのに、

まだ食べられないという状態です。焦げてしまう前に、成果というおいしい焼肉を食べさせてあげたいですよね。焦げたらもう火は弱まるだけ、成果は出ずにやる気が失われるだけです。それは避けたいので、子どもの手ではなく親の「神の手」を使って肉をあげ、**わざと成功をつかませてあげてもよい**と思います。

足が速くなりたいと努力していてなかなか成果が出ていないなら、かけっこで親がわざとギリギリのところで負けてみるのもありでしょう。

子どもがピアノを練習しているものの、いつも同じところで間違えてしまい、ジリジリしているなら、「音の強弱のつけ方がうまくなってるよ」など、子どもにはわからないところからほめてあげるなどもあります。

ただし、毎回やるのは考えものですし、やるのであればくれぐれもバレないように気をつけてください。場合によっては、「全然親に勝てない」という事実が子どものやる気に火をつけることもあります。

子どものタイプや様子、今の火加減をよく見て、どうか肉を焦がさず、ベストなタイミングで食べさせてあげてほしいなと思います。

「こんなにできた！ がんばった！」が見えるようになると、やる気につながる

31

「やらせない」ではなくルールを教える

子どもが興味を持ったことは、危険性も伝え、上手な付き合い方を教えることが大切。

子どもにもわかる言葉で理由を説明する

子どもがやりたいと言うものに対して、大人は止めすぎではないでしょうか。親から見てあまり接してほしくないと思うものでも、頭ごなしに禁じるのではなく、危険性を説明したうえで、やるやらないの判断は**基本的には子どもに任せたほうがよい**と考えます。

たとえば、携帯電話やインターネットなどに関しても、大人がこれだけ使っている今の環境下でまったく触れさせないのは無理があります。それなら、視力の低下などの健康被害から、ネット上で誰かと繋がることにより起こりうる被害まで、その危険性を教え、ルールを守らせながら使用させるのがよいでしょう。また、お酒やタバコといった体に如実に悪影響のあるものや、妊娠など体や人生に影響のあるものにおいては、当然ながら、きちんとその怖さや影響の大きさを伝えなければなりません。

これらが厄介なのは、ネットやゲーム、お酒、タバコなどは中毒性があり、性関連はそもそもDNAに組み込まれているものだということ。楽しいものだからこそ禁ずるのが難しいわけです。つまり、**ただ「ダメだ！」と言うだけではあまり効力はありません**。親もその事実を踏まえたうえで、なぜそれがダメなのか、どういうことに注意すべきか、子どもにもわかる言葉で説明することが大切です。

適度な距離感を保つための工夫を

ＳＮＳについては、むやみに禁ずるのではなく、危険が及びにくい方法をアドバイスしましょう。たとえば、子どもがインスタグラムをやりたいと言ったら、アカウント名は偽名にして親と共同運用にし、顔がわかる写真は載せないように伝えます。

ゲームについては、無制限にやらせるのは問題がありますが、**時間制限を作っても守られることは少ない**です。なぜならそれは、プロが命がけで作っているものだから。「一日30分」などと決めても30分でやめられるようにできていないのです。それなら、一区切りついたところでやめられるよう、28分でやめて残り2分を翌日に繰り越したら、繰り越し分は１・１倍の時間にしてよいというルールにしてはどうでしょうか。

また、性に関する話も、**過度に隠すのではなく年齢に応じてわかる範囲で教えていく**ほうがよいでしょう。ユネスコが、世界保健機関などとともに２００９年に初版、２０１８年に改訂版を出した「国際セクシュアリティ教育ガイダンス」では、性教育の開始年齢は５歳とされ、５～８歳でも避妊の簡単な概念については教えることを推奨しています。

このように、リスクのあるものについても適度な距離感を保てるよう、知識や対処法を教えていくのが親の勤めではないでしょうか。

禁じても触れる可能性があるものは ルールを教えて触れさせたほうがよい

「期待されている感」がごほうびになった原体験

ボク自身が小学校3、4年生だった頃の話です。そのときの担任の先生は、当時おそらく40歳くらいの女性の先生でした。朝ギリギリの時間にスクーターに乗って学校にやってくる、かなり大雑把な先生で、保護者からの評判は正直あまりよくありませんでした。でも、ボクはこの先生とのやりとりで今でもよく思い出す、あるエピソードがあるのです。

その先生はよく、生徒の習字作品を壁に貼るのに「ぬまちゃん、貼って」とボクに頼んできました。本来は先生の仕事ですよね。保護者会のときも、教室の入り口での受付を頼まれる。そんなふうに先生がよく声をかける子が、ボクを含めて3～4人いました。

でも、終わると素敵なごほうびが待っていました。学校の目の前にある肉屋さんでコロッケを買ってきて、給食の残りのパンに挟んで食べさせてくれるのです。だからボクたちは頼まれもしないのに、保護者会の日は残るものだと思ってスタンバイしていました。コロッケパンでなく別のもののときもあったし、ごほうびがないときもありました。でも、「今日はないの。ごめんね」と言われたときも「いいよ、いいよ」となってくる。何だかその「期待されている感」「役に立っている感」のほうがコロッケパンを上回ってくるのです。

ああ、誰かに頼りにされるって、こんなにうれしいことなんだな。それを実感させてもらえたのがこの経験でした。だからボクは、子どもたちをどんどん頼ります。「頼りにしてるよ」「さすがだね」「ほんと助かったわ」。大人からそんなふうに言われたらうれしいですよね。思い返すとこれが、ボクのスタンスの原点になっているのかなあと思うのです。

3章

親が笑顔になる方法

「完璧」を手放して「最強」に

「親なんだから、子どもには〇〇してあげなくちゃ」
「子どもには〇〇してあげるべき」

親というのは、子どものためになることは何でもしたいと思うものです。
また、世の中には、子どものよりよい成長のためには
「〇〇するべきだ」という「べきべき論」が大量に存在し、
それに振り回されて子育てがしんどくなっている方もたくさんいるようです。

それらの「べきべき論」は、本当にすべてが必要なものでしょうか？
あなたが疲れきり、笑顔をなくしたら、子どもも笑顔ではいられなくなります。
子どもを思うからこそ、あれもこれもとがんばりたくなる気持ちはわかります。

でも、完璧にやろうとしてキリキリし、笑顔をなくすくらいなら、
いい加減にやって笑ったほうがずっといい。
親がパーフェクトヒューマンである必要はありません。

極論すれば、その子が今日も元気に生きているだけで、
あなたはいい親だといえます。
力が入れば入るほど、冷静さを失い、
子どもの幸せは逆に遠のいてしまうかもしれません。
親とは、もっともよく子どもを見ている存在です。
冷静でいられれば、あなたは間違いなく最高の教育者なのです。
笑顔でいられれば、最強の存在なのです。

子どもをもっと、幸せにするために
親が笑顔になれる方法をぜひ試してみてください。

32

親がもっと毎日を楽しむ

子どもを幸せにしたいなら親は「がんばる」より「笑う」。それが一番だと心得よう。

親が楽しめば、子どもも幸せになる

子どもの人生は楽しく幸せなものであってほしい。親はそう願うあまり、子どもにできることはすべてやり尽くしたいと考えてしまうものです。また、比べてはいけないとわかっていながらも、ほかの子よりもよい経験、よい教育をさせなければとつい力が入ってしまうこともあります。すると、親自身の幸福は後回しになりがちです。

特に母親の方々には「母親なのだから〇〇してあげなくちゃ」という思いが、社会的な圧力も含め、まだまだ多くあるようです。でも、そういう考えに振り回されると親に余裕がなくなるため、子育てがどんどんしんどくなっていきます。

「子どものため」と考えすぎるあまり、我慢ばかりして自分自身が無になっていないでしょうか。心から笑えているでしょうか。

子どもと一緒の日常では、子どもがいない頃と同じようにはいきませんが、自分のＱＯＬ、パートナーのＱＯＬ、子どものＱＯＬの足し算で**家族のＱＯＬの最大値を探ってほしい**のです。そのほうが、親自身の毎日が楽になり、子育ても楽しくなり、ひいては子どもも幸せになると思います。

子どもにとっては、親の笑顔が一番のモチベーションなのです。

QOL…「Quality of Life」の略。生活の質（クオリティ・オブ・ライフ）

ニコニコするために「冷凍餃子がいい」

疲れきった夕方、「今日はもう冷凍餃子でいいか」と、ちょっとした罪悪感を抱えながら食卓に餃子を並べている方も多いかもしれません。でも、せっかく食べるなら「冷凍餃子がいい」と思いながら食べてほしいのです。手抜きなどと言われることもある冷凍餃子ですが、一流企業が努力を重ねて生み出した商品です。正直なところ味は手作りよりもプロの冷凍餃子に軍配が上がるのではないでしょうか。一方、親の手作りは愛情がこもっているといわれますが、**愛情の込め方は手料理以外にいくらでもあります**。

「おいしいものを食べさせたいからプロの味を買ってきたよ。ついでに時間も買っちゃった」。そんな愛情の込め方も素敵です。そうしてできたゆとりで、あなたがニコニコ過ごせるなら万々歳。手作りしなくちゃとキリキリするくらいなら、冷凍餃子を使ってニコニコしてほしいと思います。

また、幼い子がいる親でも、たまには映画や飲み会など、自分のしたいことをする時間を工夫しながら確保していただきたいです。飲み会に行くなら子連れで行き、スマホで動画を見せたってよいでしょう。親だって、親である前に一人の人間です。自分へのケアが足りているかについて、ときどき振り返ってみてください。

子どもと一緒に笑うために
無駄な罪悪感はどんどん捨てる

Before
最近忙しくて手抜きしてばかりで悪いな
ごめん 今日は冷凍餃子でいいかな…？
うん 冷凍でいいよ
After
プロの味に頼ろう♪
お母さん 今日は冷凍餃子が食べたい気分なんだけど！
賛成！ 私もそれがいい
言い方や気持ちは伝染するもの。「～でいい」よりも「～がいい」と会話する方が、気持ちよく過ごせるはず。

33

「〜すべき」をやめてみる

今とらわれている「〜べき」は本当に必要なこと？　一度疑ってみることも大事。

本当にやる必要のあることなのか見直しを

親は子どもが大切だからこそ、様々な理想を抱くもの。しかし、今は変化の激しい時代ですから、親の描いていた理想が、子どもが大人になる頃には通用しなくなっている可能性も大いにあります。「この子にはこういう教育を受けさせて、こんな大人にしなくちゃ」などと、**子育てを何かのミッションのように感じて苦しくなっている**方も多いです。

でも、何もクリアしなくても子育ては子育て。極論すれば、ご飯を食べさせて子どもが元気に育っていれば、それだけでも十分です。

「子どもは何時までに寝かせるべき」「お風呂は就寝の何時間前に入れるべき」「掃除の行き届いた部屋で過ごさせるべき」……。そんな「べきべき論」が世の中にはあふれています。

もちろん、早めの就寝や就寝時間を踏まえたお風呂、行き届いた掃除は理想的かもしれませんが、できずに「まあいっか」と過ごす日があってもよいでしょう。べきべき論にとらわれていつも子どもを叱ってばかり、その結果疲れ果てているのではお互いつらいもの。**一度ハードルを下げてみてください**。冬場なら、1日くらいお風呂に入らなくてもさほど困りはしませんし、ホコリがたまっても死ぬわけではありません。

すべてが本当にやる必要のあることなのか、一度見直してみましょう。

「うちの子ちょっと遅いかな」は考える必要なし

「9か月頃に立つ」「1歳で歩く」。こうした指標よりも自分の子どもが遅かった場合、親はあれこれと気にするものです。でも、**成長は千差万別で個人差があります**。この指標はあくまで、この頃にこうなる子が多かったという統計的な目安であり、その意味では占いと同じです。A型にはこういう人が多かった、というのと変わらないわけです。だから、これらの指標より遅かったとしても、さほど気にする必要はありません。

ボクの娘は3歳で、まだオムツが外れていません。保育園のお友だちには外れている子もいますが、特に気にしていません。娘の場合、自分でオムツも履き替えるし、トイレにも行けるので、外そうと思えば外れると思いますが、本人からまだ「やめる」と聞いていないので無理には進めていないのです。我が家では、徹底的に本人の意思を尊重します。お友だちがみんな外れ、自分だけつけているのが恥ずかしいと感じれば自然に外したくなるでしょうし、そのタイミングが来たら全力で応援してあげるつもりです。

子どもには子どもの意思やペースがあるので、基本的には焦らずに見守ってあげてほしいなと思います。ただし、その子自身が困ったり、親が心配で仕方なかったりする場合は、専門機関を受診してもよいでしょう。

周りのことや「べきべき論」は気にせず 子どもの意思やペースを尊重する

34 どんなことでも面白がるマインドを持つ

勝手に正解を作らず、子どもから出てきたどんな言動も「そうきたか！」と楽しもう。

大喜利スタイルでいこう

子育てに正解はありません。これは、言葉としてはよく聞くものですし、「それはわかっている」と思う方も多いかもしれません。

正解がないとはどういうことでしょうか。それは、子どもがどんな行動を取っても、怒ったりイライラしたりしないということです。**子どもの行動に対して「なんで！」と怒りたくなったとしたら、それは、あなたの中に正解があったから**なのです。

そこで、おすすめしたいのが「大喜利スタイル」です。大喜利が面白いのは正解がないからです。子どもがやってくることは、たいてい「おおっ、そうくるか！」という、こちらの予想のはるか上をいくことばかり。そんなときに、自分の中に正解があると「なんでそうくるの！」と怒りたくなるのですが、**正解がなければ「おおっ、そうくるんだね」と素直な驚きとともに楽しめる**わけです。

子どもに炊飯をお願いしておかゆが炊き上がっても、一緒に行ったキャンプで子どもがご飯を作りたがり、結果あまり食べられるものがなく、ひもじい思いをしたとしても、そんなことは生涯のうちで何回もあることではありません。ぜひ、「あれ、お米半分くらいどこに流したの？」と笑いながら、そんな時間を楽しんでほしいと思います。

35

子どもに期待しすぎない

今日の英会話教室どうだった？
何習ったの？
何かしゃべれるようになった？
うーん
べつに…
イラッ
もーっ
月謝高いんだから
ちゃんとやってよね！
送り迎えも大変なんだよ
そうやって毎回
言われるの
すごくいやだ！
ご…ごめんね
ハッ

子どものために何かをしたとしても見返りを望む発想はNG。「してあげすぎ」もNG。

かけた時間やお金が子どもへの期待を大きくする!?

生まれてから2歳頃までは、親はそこまで多く怒ったりがっかりしたりはしないでしょう。でも、成長するにつれてその比率は上がってきます。これは、親の期待が大きくなることに原因がありそうです。

小さな頃は親がかけた時間やお金が少ないのに対し、子どもの未知数の部分が大きいです。でも成長とともに、かけた時間やお金は増え、未知数の部分が減っていくように感じます。つまり、最初のうちは投資が少なく未来が大きいのでのんびり構えていられるけれど、大きくなるにつれ、**投資が増えて未来が狭まってくるため、焦りや期待が増え、イライラしたり怒ったりすることが増える**というわけです。

本来、親から子へはギブだけでよいはずなのに、**いつの間にかテイクを求める発想になっていた**ケースもあります。そんなときは、ギブをしすぎていないか見直しましょう。「やってあげたい」「一緒にいてあげたい」と思っても、見返りを求めてはいけません。また、子どもは成長してからも、じつは未知数のかたまりです。

子どもに期待をしすぎると、親も子どもも苦しくなります。そんなときは、ただ元気に生きていてくれるだけで幸せ、という原点に戻ってみましょう。

子どもを勝手に大人の土俵にあげていないか？

子どもが成長して少しずつ大人に近づいてくると、親が子どもを勝手に大人の土俵にあげてしまうことも多々あるようです。たとえば、小学4年生の子が「漢検7級受かったよ！」と言ったとしても、「7級でしょ?」というそっけない反応をしてしまうなど。7級のレベルは小学校4年生修了程度ですから十分立派なのに、「5級くらい受からないとね」「3級に受かればすごいと思うけど」となってしまう。親はそんなふうに、**子どものがんばりに対してだんだん麻痺してきてしまう**のです。

ボクの作る漢字テストでも「間違いが1、2個程度ならほめてあげてください」と保護者の方に言っています。このテストは難しく、最初の頃はほぼ点が取れないので、点が取れ始めた頃は皆さんほめてくれるのですが、回を重ねるごとにそれも減ってしまうためです。

そもそも多くの親は我が子に対して「悪くて平均、よくてトップ」でいてほしいと思っています。さらに、**そのくらい基準値が上がっていることに自分で気づいていません**。そうなると、よいときはほめないのに、悪いときだけ叱るということをやりがちです。子どものがんばりに対して麻痺してきていないか、求める基準値が勝手に上がってしまっていないか、ときどき見直してみてください。

「Give&Take」の考えは
子育てには当てはまらない

Before
親としてこんなに
がんばってるんだから子どもも
理解してがんばってほしい！
時間
お金
労力
Give
Take
成果
After
やれることをしてあげたい。
でも期待しすぎない！
時間
お金
労力
Give
親から子へはギブだけでよく、
ギブをしすぎていないか見直す
ことも大切。

36

子どもは他人だと思え

「子どもは自分とは別の人間」。このシンプルな事実を常に忘れないように注意。

パートナーを産んでしまったと考えよう

親というのはどうも、子どもを自分の分身のように考えてしまう側面があるようです。習い事などでも、つい親がやってきたものをやらせたり、自分が得意だったことは子どもも得意だろうと考えたりすることも。特に女性の場合、子どもが物理的に自分の中から出てくるため、そう考えてしまう傾向が強いようです。そのため、自分と子どもの性格が違っていたりすると、頭ではわかっていても「なんで?」と思ってしまう部分があるようです。さらに、母親からすると男の子はまったく未知の世界。突然動き回ったり、すぐに手が出たりすることが、感覚的にわからないかもしれません。

でも、これまでにも書いてきたとおり、子どもは親とはそもそも別の人間、つまり他人です。お母さんの感覚に合わせて言うなら、パートナーを産んでしまったと考えるとよいでしょう。パートナーであれば、ダメだなあと思う癖が直らなかったとしても、どうせ他人なのだからと諦めたり達観できたりするのではないでしょうか。子どもも、それと同じ感覚でいてちょうどよいということです。

子育てがしんどく感じたり、親子関係がこじれてしまったりすることの原因の一つは、**親が子どもを自分と同一視してしまい、別の人格だと考えられないことにある**ようです。

それで無意識に自分の好みや趣味などを子どもに押しつけてしまうと、うまくいかなくなることもあります。

子どもからよく「お母さんは好き嫌いがない」という話を聞きますが、これにはカラクリがあります。じつは、お母さんは自分の嫌いなものは食卓に出さないので、嫌いなものがないように見えるのです。実際は親子でも食の好みは違うでしょう。子どもが食べないものがあってもそこまで責めることはできません。

ご自身のことを振り返ってみて、もしそんな傾向があると思ったら、子どもと少し距離を置き、ことあるごとに「他人である」ということを思い出すようにしてみてください。

親は後方支援要員であって一緒にやる資格はない

受験する子どもを応援しようと一緒に勉強する。そんな親御さんの話もよく聞きます。子どもが一人でがんばれないから、親も机に向かって連帯感を出すことでやる気を起こそうとしているのかもしれません。たしかに「親の背中を見て子は育つ」とは言いますが、同じことをする必要があるでしょうか。親はあくまで後方支援要員。おいしいご飯を作ったり、子どもが安心して勉強に打ち込める環境を整えたりすることが親の仕事です。

後方支援をするうえで大事なことは、**まず子どもの意向を聞く**ことです。たとえば、サッカーがうまくなりたいと考えている子どもが「毎日走りたいけど一人で走るのはつらいから一緒に走って」と言ったなら、一緒に走ってあげるべきでしょう。でも、子どもが言わないうちから走らせたのでは、昭和のスポ根漫画になってしまいます。

もう一つ大事なことは、**親はもうプレーヤーでなく、一緒にやる資格はない**、ときちんと自覚することです。

ボクは学生時代にスポーツで選手の立場をやり、そのあと身を引いてコーチの立場になりました。そのため、この「資格がない」という感覚を身にしみて感じることができました。教えるという立場はもどかしい部分もあり、今でも運動会のリレーなどでは「自分が走ったほうが楽だ」と思うこともあります。一方で心の底から熱くなれる彼らをうらやましくも思うのです。その疎外感やさびしさといったら相当なものです。親にもそんな意味で、選手から引退したコーチのような側面があるのだと思います。

さびしいかもしれませんが主役は子ども。親は子どもが思い切り打ち込める環境を整え、そっと見守るコーチ役に徹しましょう。

先生も親も名ジョッキーであれ

教師になる前に、塾の講師をしていたことがあります。1年目のときは「ボクのもっているすべてを教えてやろう」と意気込み、教えていました。でも、のどはかれ、声帯ポリープまでできたというのに、子どもたちの成績は全然伸びず、悩んでいました。

そんな頃、たまたま競馬を見ていたとき、名馬オグリキャップに乗って優勝した武豊の言葉が強く心に残りました。それは、混雑を避けて外側に行こうとしたものの、オグリキャップが自ら一番内側に行ってしまった。でも、馬群を縫って出てきたので、「僕はもう跨っているだけでした」というもの。

実際には「跨っているだけ」などということはないはずです。相当な経験や技術があってこその芸当でしょう。武豊はもちろんがんばっていた。けれど走ったのは馬。そのとき、「ボクが走らなくても生徒たちが走れば、ボクは名先生なのだ」と気づいたのです。

逆にいうと、**自分が馬のように走ってしまってはいけないのです。これは親も同じことです**。自分が走るほうがラクだと感じるかもしれませんが、親の仕事はどうしたら子どもが思いきり気持ちよく走れるかを考えること。そして、その環境を整えることなのです。

教師も親も、「名ジョッキー」を目指しましょう。

プレーヤーではないことを自覚し、親は後方支援に徹する

37

困ったときも困っていないときも話せる人になる

ねぇパパー
パパ聞いて～
そういえば長女は最近話しかけてこないな…
普段から意識して会話するようにしよう
明日のお弁当リクエストある？
今日は暑くなりそうだよ
そういえばあれはどうだった？
ある日
……お父さん今ちょっと困ってることがあるんだけど…
なになに
おお…久々に頼ってくれた！

困ったときに話してもらうためには、普段から何気ない会話をしていることが大切。

上下関係でなく信頼関係を築く

親は学校や保育園などでの子どもの様子を知りたいと思うものですが、子どもが何でも話してくれるとは限りません。特に成長すればするほど話さなくなるものですし、親は子どもが**自分に何でも話してくれるものだと思わないほうがよい**でしょう。

でも、子どもにとって「話したい」と思える親になる努力はできます。まずは**父親然、母親然としないこと**。「親として」を考え出すと、あまりいいことはありません。

ボクのシングルファーザーの友人は、娘に彼氏ができたとき、嫉妬心をおさえるために、娘に「親子ではなく親友になろう」と提案したそうです。親友になることで親心をこじらせることなく、とても理想的な関係が娘と築けたといいます。適度な距離を保ちつつ、ざっくばらんに話ができる関係。それが理想の親子関係ではないでしょうか。

親子といっても**上下関係ではなく、信頼関係を築けばよい**わけで、子どもが困ったときも困っていないときも話せる相手になることが理想です。それには普段から会話をしていることが大切。内容は何でもよいですが、「今日は暑くなるよ」「明日は早く帰る日だよね」など、何気ないながらも子どもを気遣う内容がよいでしょう。ネタがなければ、子どものすごかった点について「この前のあれはすごかったね」と再度話題にしてもよいです。

38

親のがんばりはしれっと見せる

「がんばっているのに報われない」とイライラするくらいなら努力をアピールしてみて。

KPIは子どもの学びや幸福

親は子どもに時間やお金など、莫大な労力をかけているため「報われたい」という心境に陥りがちです。それで、一生懸命作ったご飯を残されたり、必死に勉強を教えた科目のテストでよい点が取れなかったりすると、つい怒ってしまうわけです。でも、子どもは別に親に努力してくれなんて言っていないはずです。

ビジネス用語で、目標達成の度合いを測る指標の一つを「KPI」※といいます。子育てにKPIがあるとしたら、子どもの学びや幸福であるはずですが、このKPIがいつの間にか自分のがんばりに置かれていた、という親御さんも多いもの。つまり、**子育てが順調かどうかを「子どもが学んでいるか」でなく「親が努力しているか」で測ってしまっています**。それは、かけた労力が莫大だからです。それならもう、自分のがんばりをしれっと子どもに見せてしまいましょう。前の晩から翌日の夕食の準備をするなら「明日の肉、今から漬け込みまーす！」と子どもに言ってみるのです。子どもから期待した反応が返ってこなくても、こうして口に出すだけで、少なくともあなた自身はあなたのがんばりを認めてあげられます。子どもも表現こそしなくても、密かに何かを感じているかもしれません。そうやって親が自分のガス抜きをすることも、じつはとても大切です。

※「Key Performance Indicator（キー・パフォーマンス・インディケーター）」の略

39

「私たちはこれでいく」という「新べき論」を作る

親も子も笑顔でいるために情報は取捨選択し、自分たちだけの子育てポリシーを持とう。

あなたの決めた「新べきべき論」がお守りになる

近年、子育てがしんどく感じてしまうのは、子どもはこう育てるべきという世間的「べきべき論」が広まっているからでしょう。情報が大量にあふれ、イヤでも「こうするべき」が入ってきて、焦りますよね。

でも本当は、親がニコニコしていることが子どもへの最高の教育だと思うのです。

そのために、「私たちはこれでいく」という「新べきべき論」をそれぞれ作ってほしいというのが、ボクの提言です。新べきべき論の一つ目には「親が幸せであるべき」をぜひ入れてくださいね。ほかには、「料理はとことん手を抜くべき」「土曜の夜はみんなで夜更かしするべき」「二人一つは家事を担当するべき」など……。他人ではなく、自分たちが大切にしたいことに「〜べき」をつけていくのです。

「世の中の当たり前」をそのまま真に受ける必要はありません。特に子育てについては正解をつい探しがちですが、**家庭の数だけ子育ての形がある**のです。

ＳＮＳを見て、よその家と比べることも禁物です。あなたの家だけの「新べきべき論」を作ってみてください。それはきっとあなたのお守りになり、子育てを楽しいものにしてくれることでしょう。

世の中の「べきべき論」は捨て去ろう

我が家では卒乳も娘の意思に任せていたところ、自ら「3歳になったらやめる」と宣言し、宣言どおり3歳の誕生日にやめました。一般的には遅いほうだと思いますが特に気にしませんでした。「うちは娘の意思を一番に尊重する」という沼田家ルールを作ったからです。

また、いわゆる食事マナーについては、3歳の今はあまり教えていません。今は、食べることって楽しいな、という食の喜びのほうを教えてあげたいと思ったからです。食事マナーは小学校入学前までに教えればよいだろうと判断しました。

ほかにもあります。たとえば「クリスマスはたこ焼き」。これは、結婚して最初のクリスマスに、妻がケーキを買いに行ったものの売り切れていて買えず、代わりにたこ焼きを買ってきたことから定着しました。娘が保育園に通うようになり、「クリスマスの基本はチキンとケーキ」とわかるよう、この2つが加わりましたが、たこ焼きも、気づいてもらえるようにひっそり出しています。もっと大きくなって、うちは「あえてのたこ焼き」なのだとわかるようになったら、たこ焼きを主役に戻すつもりです。

こんなふうに、家庭ごとの「新べきべき論」があってもよいのではないでしょうか。

「新べきべき論」で
子どもはもちろん親も幸せになろう

誕生日の人は
みんなから
甘やかされる
月に1回は
家族会議
（おやつパーティー）
をする
ご飯のときは
テレビを消して
おしゃべりする

次のようなことを考えながら
家族で話し合い、新べきべき論を作ってみよう。

- 家族全員が幸せになるには何をすべきか
- みんなで大切にしたいことは何か
- もっと日々を楽しくするにはどうすればいいか
- 前に家族でやってよかったことはないか
- いつか子どもが一人で生きていくために
何をしておくべきか

など

COLUMN

視座を変えて、子どもとの関係をとらえ直す

「視座」とは簡単にいうと「どこから見るか」です。たとえば、見る位置が高ければ高いほど広範囲のものが見えるようになる。つまり「視野」が広くなるわけです。視座を変えるとは、見える視野全体を変え、全く違う価値観で対象を見つめ直してみるということです。

小学生の国語の教科書によく載っている『モチモチの木』という作品があります。おじいさんと二人暮らし、夜中に一人でトイレに行けない臆病な少年「豆太」が、ある晩腹痛に見舞われたおじいさんを助けるため、勇気をふり絞って一人で医者を呼びに行き、おじいさんは助かる。その晩豆太は勇敢な者だけが見ることができるという、光り輝くモチモチの木を見たという感動のお話です。ですがこの話、視座を変えるとまったく別の話になるのです。

夜中に豆太がトイレに行くたびに起こされていたおじいさんは、ぐっすり眠りたくて仮病を使った——。医者は事情をのみこむのが早すぎるし、豆太が医者を呼びに行ったのはモチモチの木が光る、夜道が明るい日。これ、仕組まれていたのでは、とも読めるのです。

視座を変えることは、固定観念を取り払い、まったく新しい見方をするのに有効です。たとえば、親御さんからよく「料理は危険だから、まだやらせられない」という話を聞くのですが、「危険」という思いが先に立ち、なかなかやらせられないのだとしたら、一度「子どもができないのではなく、私がチャンスを奪っているのかも」と考えてみるのはいかがでしょうか？　実際ボクは大人さながらに魚をさばく小学生も知っています。そんなふうにして新しい視座を導入し、子どもとの関係をとらえ直してみるのもよいかもしれません。

4章

教えて！ぬまっち
こんなとき
どうする？

子どもが無駄遣いをするのですが……

子どもが知らないお金の使い方を教えるのもあり

子どもが次から次へといろいろなものを買っていると、親としては気になりますよね。ただ、何が無駄で何が無駄でないのか、その線引きは難しいところです。親からすれば無駄にしか見えなくても、**子どもにとっては尊いもの**なのかもしれません。子どもがよく買うのは、カプセルトイやトレーディングカード、駄菓子などですが、大人にはその価値がよくわからなくても、友だちとの交流に役立ったり、そのおもちゃが扱っている分野、たとえば野球や昆虫などに詳しくなったりと、メリットがあるかもしれません。何かを大切に思う気持ちやそれぞれの価値観は尊重したほうがよいでしょう。

それでも、「それは本当に必要なの?」と聞いたり、「お金は大人が仕事をして稼いできたもので、無限にあるわけじゃないよ。どこまでそれに使ってもいいのかは、考えてみたほうがいいんじゃないかな」と意見を言ったりするのはOKです。

子どもが知らないお金の使い方を教えることも有効です。高級なレストランに行ったり、1万円で買えるものを百貨店に見に行ってみたりしてもよいでしょう。

小学生に一人でお寿司屋さんに行かせてみる

ボクが4年生の子を受け持ったときに子どもたちにすすめたお金の使い方を紹介します。それは、1万円を持って一人でお寿司屋さんに行き、「お任せで」と言って食事をしてくるというもの。小学生にはできない粋な使い方ですよね。

そうしたら、一人だけ挑戦した男の子がいました。彼のお母さんも賛同し、彼には内緒で、「今日、子どもが一人で1万円持って食事に行きますので、よろしくお願いします」とお店に電話をしておいたわけです。

そんなことをされたら、お寿司屋さんの大将だってうれしいですよね。食べたお寿司の写真をあとで見せてもらいましたが、1万円では到底難しそうなレベルのお寿司がこれでもかというほど出てきていたようでした。その子は今もう大人ですが、「4年生のとき、ドキドキしながら大将に『お任せで』と言った経験は1万円じゃ買えないよ」と言っています。

1万円あったら300円のカプセルトイが33個買えるけれど、こんな経験もできる。そう知ることができれば、「このお金の使い方でよいのかな」と、子どもが考えるようになるかもしれません。そんなさまざまな選択肢を見せてあげるのも、大人の役割でしょう。

勉強を好きにさせるには、どうしたらいい？

！「勉強」を面白く加工し、リアルな世界とつなげて

子どもは、〝大人と同じ〟や〝本物〟が大好きで、面白さでしか動けないという特徴があります。であれば、いろいろな問題を**実社会とつながったリアルな問題にし、「勉強」という雰囲気を出さずゲーム感覚にすればよい**ということです。

これを踏まえ、ボクの作る漢字テストでは、問題文を全部ひらがなにして、漢字で書けるものをすべて漢字で書いてもらいます。ＰＣやスマホの文字入力は、ひらがなで打ったあとに漢字変換されるからです。つまり、「オールひらがな」は子どもたちにとって身近でリアルなのです。問題の一部をご紹介します（カッコ内は解答です）。

- どくしょかんそうぶんはにがてだ（読書感想文は苦手だ）
- かいかぜんせんがほくじょうをはじめる（開花前線が北上を始める）
- じどうそうこうでしょくじをはこぶ（自動走行で食事を運ぶ）

一般的な漢字テストは文章中に□があり、そこに入る漢字を書かせますが、リアルな世界でそのようなことをする場面はありません。一方、このテストの文章は、実際のニュースから取り上げた「生きた言葉」で出題しています。ぜひご家庭でもやってみてください。

また、**勉強する意義を、子どもにもわかる言葉で伝える**ことも大切です。

たとえば、日本史を勉強する意義を、ボクは子どもたちにこんなふうに伝えています。「日本では、ずっと昔から同じ回転で歴史がくり返されているから、それを覚えておくと今の日本のこともわかりやすいんだよ」。

その回転とは「ヒーローが現れる↓調子に乗る↓子孫がいまいちで世の中が荒れる」というもの。1回転目のヒーローは卑弥呼。占いで調子に乗った。子孫はいない、で、世の中が荒れた。2回転目のヒーローは蘇我馬子。聖徳太子と組んで天下を取り、調子に乗った。子孫の蝦夷と入鹿はいまいち、世の中が荒れた……。このようにして現代まで説明できるのです。この説明はかなり大雑把ですが、子どもに歴史の大枠のイメージを持ってもらうには有効です。

勉強は、そのままでは子どもにとってはつまらない代物です。それを好きになってもらうには、やはり**子どもが自然と飛びつくように加工する**ことが必要でしょう。

きょうだいの関係をよくするには？

比較をせず、それぞれの不満の原因を探ってみて

きょうだいの仲が悪い場合に、**親としてできるのは「比較をしないこと」に尽きる**と思います。同性のきょうだいだとつい同じ習い事をやらせてしまいがちです。年齢的に離れていれば勝負にならないのでよいのですが、近いと張り合ってしまうので、関係が悪くなってしまいます。Ｐ１６３で、子どもは親とは別の人間という話をしましたが、きょうだいも別の人間です。その意味では、**習い事などでも必ずしも同じものをやらせなくてもよい**わけです。もしある程度それぞれの得意不得意がわかっているのなら、別のものをやらせましょう。

また、子どもたちからよく聞く不満は、上の子は「お兄ちゃん（お姉ちゃん）なんだから我慢しなさい、と言われるのがイヤ」、下の子は「いつもお兄ちゃん（お姉ちゃん）の次、みたいなのがイヤ」ということ。たまには上の子が我慢しなくていいようにしたり、下の子を先にしてあげたりしてください。きょうだいにおいて、すべての場面で同じように平等にするのは無理ですが、「上の子は、こんなところがお得だよ。反対に、下の子はこん

なところがお得だよ」と伝えてあげるのもよいと思います。

上の子のケアがやはり大事

また、下の子が生まれたときにケアしてあげてほしいのは、やはり上の子です。なぜなら、上の子には数年間、プリンス（プリンセス）時代があったからです。それを突然、奪われるわけですから、下の子にジェラシーを持つのは当然でしょう。

そんなときは、**上の子を「大人チームに仲間入り」させてあげる**のが有効です。たとえば、下の子が寝たあと、お母さんと二人きりでお風呂に入ったり、こっそり一緒にアイスを食べたりしてもよいですし、親の一人が下の子と家で留守番し、もう一人の親が上の子だけ連れてお出かけするというのもよいでしょう。そういう「上の特別感」を持たせてあげるのです。

ほかには、「あなたはとても役に立っているよ」ということを伝えてあげるのもよいと思います。何か手伝ってくれたりしたら、下の子がいないところでボソッと「今日はありがとうね。ほんとに助かったわ」とささやくのもおすすめです。

パートナーとはどう協力していけばいい?

わずかな時間でよいので、タイムリーに情報共有を

子育ての大変さは、パートナーの協力がどのくらいあるかでかなり異なってきますよね。特にお母さん方から「夫が家事育児にほとんど協力をしてくれない」という悩みをよく聞きますが、ここはさまざまな手を駆使して協力体制に持ち込みたいところです。

ボクの妻は、娘の出産時に里帰りをしませんでした。それは、ボクに父親としての自覚を植え付けるためだったのだそうです。父親に、母親の日々の大変さを実感したり、家事育児を分担してもらうためには、一日すべて、子どもや家のことを父親に任せてみたり、タスクをリストに書き出して共有したりするのも一つの方法でしょう。

また、母親が家事育児のメイン従事者の場合、父親は、最初は母親と同じようには立ち回れないこともあります。イライラすることもあるかもしれませんが、**最初は大目に見て励ましながら「気持ちよくやってもらうこと」が大事**かもしれません。

日常では、子どもの情報を夫婦でタイムリーに共有しておくことも大切です。

我が家でも、よく「**今日のあれどうする会議**」を行なっています。会議といっても、ざっくばらんに話すだけです。お互いに時間もないので、妻が娘の寝かしつけから復活し、ボクが就寝する前のわずかな時間に少し話したり、二人が料理や飲み物の用意でキッチンにそろったときにチラッと話したりする程度です。そのときに、お互いの子どもへの態度などで気になったことや、保育園であったトラブルなどについて話します。

もし、相手がなかなか話す時間を持ってくれなかったとしても、「会議」「ミーティング」などと言ってしまうとプレッシャーがかかります。ちょっとしたすきにサラッと話すのがよいでしょう。うまくいくコツは**何かの作業をしながら、「立ったまま」で話す**こと。座ると改まった感じが出て、相手も身構えたり、負担に感じて逃げたくなるかもしれません。ここでも「平常時に話しておく」（P122）のがポイントです。時間がないときは、SNSのメッセージなどでやりとりしてもよいでしょう。

シングル家庭の場合は一人ですべてをこなさなければならないので、本当に大変ですよね。その意味でも、誰か話せる人を見つけておきましょう。リアルの場でのママ友でもよいですが、普段自分がいるコミュニティとは全く別の場を持つことも気分転換になります。オンラインサロンなども気軽に参加でき、おすすめです。

祖父母と子育てにおける意見が合いません

！ 一つ一つ話しながら、こちらの価値観を伝えよう

自分の親世代（以下、祖父母世代と呼びます）と意見が合わないのは、彼らが子育てをした時代から30年前後が経ち、常識も価値観も大きく変わっているため、どうしようもない部分もあります。祖父母世代も、子どもであるあなた方世代を育て上げた自負があるのです。もし衝突したら、今はこう変わっているんだよと、一つ一つ話していくしかないと思います。その際、保健所の保健師さんから指導されたなど、**何か後ろ盾となるものを示せると納得してもらいやすい**です。近年では、母親学級や父親学級ならぬ祖父母学級を行う自治体も増えているので、参加してもらうのも一つの手です。

また、祖父母世代の中には「子どもを保育園に預けるのはかわいそう」と考えている方も一定数います。「保育園、大変だったわね」「明日もがんばってね」などと子どもが言われても、「保育園は別にがんばらないよ。楽しいもんね」と言って場の空気を軽くするのがよいでしょう。

子どもに「早く寝なさい」と言ってもなかなか寝ません

!「翌日に眠い」という経験をさせることも大事

子どもが夜更かししている場合、その原因は、宿題が終わっていないか、遊びに夢中かのどちらかが多いと思います。宿題を早く終わらせるために、何時からやるか聞いたり、始める時間を選択制にしたりしてみましょう。それでもやらなかったり、遊びに夢中だったりして寝るのが遅いなら、そのままにしておいてみましょう。**本当に眠くてつらい経験をすれば、早く寝るようになるかもしれません。**

「夜更かしを続けていると頭が痛くなったり、成長に悪影響が出たりするかもしれないよ。心配だから言っているの」と意見を言ってみてもよいでしょう。なかなか効き目がなければ「最終的にはお母さん（お父さん）のほうが先に死ぬわけだから、あなたが自分で直すしかないの」と言ってみてもよいかもしれませんね。

子どもをほめられてもつい謙遜してしまいます。これでいいのでしょうか？

子どもをほめられたら素直に喜ぼう

「お子さん、足が速くていいわね」などとほめられても、「でも、全然漢字とかできなくて」とダメなところを無理やり挙げてしまうなんて話もよく聞きます。

しかし、親も、**ほめられたときには素直に喜ぶことが大事**です。もし相手に「え、何この人」などと思われたとしても、そう思わせておけばよいでしょう。相手によく思われる代わりに、自分の子どもが傷ついてもよいわけはないですよね。

親のそうした会話を子どもは、聞いていないようで聞いているものです。たとえ謙遜であれ、**親が自分のことを否定するようなことを言っていたら、やはり傷つく**でしょう。

子どもがほめられたときは素直に「ありがとうございます！　うれしいです！」と言いましょう。そう言う人が増えていけば、きっとこれが日本のスタンダードになる日が来るはずです。

子どもを叱っていると、パートナーも加担してきます

！一人が「指導役」になったらもう一人は「友だち役」を

日頃から自分も子どもに感じていた点について、たまたまパートナーが指摘している場面に居合わせると、つい一緒になって言いたくなってしまうかもしれません。

でも、両親二人から言われたのでは、子どもの立場はありません。やはり、一人が叱るという「指導役」をやっているときには、もう一人は子どもの目線まで下りて「友だち役」になり、**やわらかく噛み砕いて伝えてあげる役をしてください**。「今やったことはちょっとまずかったよね。早く謝っておいで」などと、フォローに入るのです。特に指導役が感情的になってしまっているときは、こうしたフォローが大切です。常に冷静なほうを子どものそばに置き、バランスをうまく取ってみてください。

おわりに

子どもにどんな声かけをしたらいいか。どうしたら子どもが動いてくれるのか。ボクは教師として、ずっとそんなことを考えてきました。でも、学校ではできていたことも、自分の娘に対してとなると難しいものです。もちろん、培ってきたノウハウやメソッド自体は自分の子育てにも十分生きていて、周囲からは「1人目なのに3人目みたいな子育てをしているね」と言われたりします。

それでも、家庭という空間は自分も素の状態になるところ。自分もリラックスしたいし、休みたい。そんな中、子育ては基本的に24時間営業。休みはありません。そうか、新生児って、3歳の子どもってこんな感じなのか。これは大変だ……。親というものになって数年。その期間は本当に、親というものの大変さを身にしみて実感した日々でした。

日本の世間は親子に冷たいと言われ、「子育て罰」「子持ち様」なんて言葉まである。でも、インターネットで聞かれるような冷たい人たちは一部で、多くは声をあげない「サイレントマジョリティ」ではないでしょうか。その中には、黙っているけれど本当は助けになりたいと考えてくれている方たち、言うなれば「サイレントサポーター」も街に多く存在すると、ボクは思っています。

２歳頃に訪れる「イヤイヤ期」。その大変さを軽減したくて、ボクは「自己主張中」と書かれたTシャツを作り、娘に着せてみました。すると、お菓子売り場で子どもが泣きわめいていても、「自己主張中」の文字を見て、よそのお母さんたちが「がんばって」なんて言ってくれたりしたのです。居酒屋で食事中に子どもが周囲をウロチョロしてしまっても、隣のおっちゃんが「おお、自己主張中か。いいな、やれやれ」なんて言ってくれたこともありました。

もちろん、だからそんな場面でも子どものケアをしなくていいということではありません。でも、ボクは思ったのです。本当は子どもを温かい目で見つめ、子育てする人を応援したいと考えてくれている人も、思っている以上にこの国にはいるのではないか、と。

子どもが誰かに迷惑をかけていたら、まずは謝罪です。でも「すみません、すみません」と下ばかり向くのは、もうやめませんか？　そして親こそ「親」というものをもっと楽しみましょう。だって、子どもはどの子もみんなかけがえのないすばらしい存在だし、子どもを育てることも、この上なく幸せなことなのですから。それをもう一度思い出し、みんなで子育てを、そして教育を面白がっていきましょう。

親も子も、もっと笑顔になれる世界を目指して。

ぬまっち＝沼田晶弘

著者

沼田晶弘　ぬまた あきひろ

東京学芸大学附属世田谷小学校教諭。MC型教師として話題を集める。学校図書生活科教科書著者。東京学芸大学教育学部卒業後、アメリカのボールステイト大学大学院でスポーツ経営学修士を修了。インディアナ州マンシー市名誉市民賞を受賞。同大学職員などを経て、2006年から現職。「ダンシング掃除」「勝手に観光大使」「帝国ホテルへ卒業遠足」など独自の手法で児童の自主性を引き出す教育法が話題となり、読売新聞の「教育ルネッサンス」に取り上げられる。教育関係のイベント企画、リーダーシップ、コーチング、信頼関係構築などの講演も精力的に行い、ビジネス書の執筆等、活動は多岐にわたる。監修に『学校のふしぎ　なぜ?どうして?』(高橋書店)、ちびまる子ちゃんの『満点ゲットシリーズ』(集英社)などがある。近年は日本テレビ『news zero』やフジテレビ『ノンストップ!』で特集される。3歳娘の父。

オンラインサロン「ぬまっちスクエア」　https://note.com/numatch16/membership
自己主張中Tシャツプロデュース(株式会社ニコタマスクエア)　https://nicosq.com/tshirt
X(旧Twitter)　@88834　https://x.com/88834
Instagram　@numatch16
Instagram　ぬまっちラボ　@numatch_lab
Voicy　ぬまっち先生の「おつかれちゃん!ねる」　https://voicy.jp/channel/4808

イラスト Masaki

子どものやる気を引き出す「ほめる」よりすごい方法39

著　者　沼田晶弘
発行者　清水美成
編集者　外岩戸春香
発行所　**株式会社 高橋書店**
〒170-6014 東京都豊島区東池袋3-1-1 サンシャイン60 14階
電話　03-5957-7103

ISBN978-4-471-10461-0　©NUMATA Akihiro Printed in Japan

本書の内容についてのご質問は「書名、質問事項(ページ、内容)、お客様のご連絡先」を明記のうえ、郵送、FAX、ホームページお問い合わせフォームから小社へお送りください。

回答にはお時間をいただく場合がございます。また、電話によるお問い合わせ、本書の内容を超えたご質問にはお答えできませんので、ご了承ください。本書に関する正誤等の情報は、小社ホームページもご参照ください。

【内容についての問い合わせ先】
書　面　〒170-6014 東京都豊島区東池袋3-1-1 サンシャイン60 14階　高橋書店編集部
F A X　03-5957-7079
メール　小社ホームページお問い合わせフォームから (https://www.takahashishoten.co.jp/)

【不良品についての問い合わせ先】

ページの順序間違い・抜けなど物理的欠陥がございましたら、電話03-5957-7076へお問い合わせください。

ただし、古書店等で購入・入手された商品の交換には一切応じられません。